発達が気になる幼児の親面接

支援者のためのガイドブック

井上雅彦・原口英之・石坂美和 ──［著］

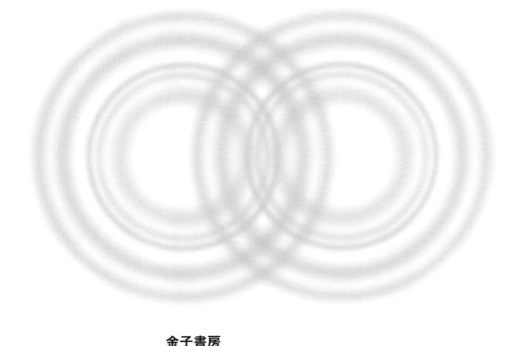

金子書房

まえがき

　幼児期の心理発達相談では，子どものアセスメントとともに，養育者である親の心理状態，親を支える社会的資源に対して的確にアセスメントし，その状態に寄り添った支援が求められる。そのため支援者には，子どもの発達と心理，病理，行動的な問題とその機能，支援技法，親の不安や抑うつと対処，親子の相互作用，親や家族を支える資源など生物心理社会モデル（bio-psycho-social model）に沿った幅広い知識と支援技術が求められる。国家資格である公認心理師においても基礎的な心理学と臨床心理学，そして多職種連携のため他領域の制度を学ぶことが必須とされている。

　しかしながら，これらの領域は，発達心理学，臨床心理学，行動分析学などに分散しており，基礎から総合的かつ実践的に学べる書籍は少なく，大学院の心理相談実習における臨床家養成においても適切な書物がないか思案していたところであった。

　本書は幼児期の発達相談に絞って，この時期の発達や障害特性，機能分析などのアセスメントの目的や方法にとどまらず，子どもの自由遊び場面や親面接の中でのインフォーマルなアセスメントの方法，フィードバックの方法などが前半部分に統合的に盛り込まれている。また，後半は実際の相談事例の見立てから支援方針のエッセンスが書かれており，基礎から実践まで統合的に学べるよう構成した。さらに本書の事例部分は，同じ主訴であっても状況が異なる複数の事例を取り上げている。臨床現場で初心者が陥りがちな点は，子どもの発達や行動など部分的な情報のみから，ステレオタイプに支援方針を出してしまうことである。未診断の場合や親や家族状況に支援が必要な場合など子どもと親を取り巻く状況はさまざまであり，個々のアセスメント情報は総合的に活用することではじめて個に応じた支援方針が得られるのである。

　本書が幼児期の心理発達相談に携わる支援者の一助となり，子どもたちやその家族が希望を手に入れられることにつながることが著者一同の何よりの喜びである。

　2019年5月1日

井上　雅彦

目次

まえがき　*i*

第1章　幼児期の親支援

1. 家族支援の重要性　*1*
2. 家族成員の支援ニーズとその関係性の理解　*2*
3. ライフステージにおける幼児期の家族支援　*3*
4. 家族支援のための連携　*12*
5. 家族支援における支援者の役割と専門性　*15*

第2章　親面接の進め方

1. アセスメントの進め方　*16*
2. 発達のアセスメント　*39*
3. 行動のアセスメント　*58*
4. 家庭背景・親の特徴に配慮したアセスメントと支援　*75*
5. 他の機関との連携　*96*

コラム　ペアレント・メンター　*9*
　　　　　ペアレント・トレーニング　*10*
　　　　　さまざまな相談形態　*21*
　　　　　面接中の相手（親）の呼び方　*22*
　　　　　自分に合ったことばの選び方　*29*
　　　　　標準化された検査の結果のフィードバックの留意点　*55*
　　　　　生活状況・リソースの利用状況の整理　*82*
　　　　　親のメンタルヘルスに関するアセスメント　*85*
　　　　　要保護児童対策地域協議会　*95*
　　　　　サポートブック　*101*
　　　　　きょうだいへの支援　*136*
　　　　　"こだわり行動"はいつまで続くか　*164*

第3章　親面接の実際——事例紹介

はじめに　*104*

1．ことばが気になる　*105*
　　　事例A　2歳6ヶ月の男児（診断なし）
　　　事例B　5歳4ヶ月の女児（診断なし）
　　　事例C　5歳2ヶ月の男児（診断あり）

2．落ち着きがない　*116*
　　　事例A　2歳2ヶ月の男児（診断なし）
　　　事例B　4歳5ヶ月の男児（診断なし）

3．かんしゃくがひどい　*123*
　　　事例A　1歳10ヶ月の男児（診断なし）
　　　事例B　3歳7ヶ月の男児（診断あり）

4．友だち・きょうだいとうまく遊べない　*130*
　　　事例A　3歳8ヶ月の女児（診断なし）
　　　事例B　5歳8ヶ月の男児（診断あり）

5．集団行動ができない　*137*
　　　事例A　4歳2ヶ月の女児（診断あり）
　　　事例B　5歳2ヶ月の男児（診断あり）

6．身のまわりのことが自分でできない　*144*
　　　事例A　4歳6ヶ月の女児（診断なし）
　　　事例B　5歳6ヶ月の男児（診断あり）

7．トイレトレーニングが進まない　*151*
　　　事例A　4歳5ヶ月の男児（診断あり）
　　　事例B　5歳1ヶ月の男児（診断あり）

8．こだわりが強い　*157*
　　　事例A　3歳3ヶ月の男児（診断あり）
　　　事例B　6歳1ヶ月の男児（診断あり）

9. 園に行きたがらない **165**
    事例A　3歳4ヶ月の男児（診断あり）
    事例B　5歳5ヶ月の女児（診断あり）
10. 診断について **172**
    事例A　5歳3ヶ月の男児（診断なし）
    事例B　4歳8ヶ月の女児（診断あり）
11. 就学に向けて **178**
    事例A　5歳4ヶ月の男児（診断あり）
    事例B　5歳6ヶ月の女児（診断あり）

参考・引用文献　**184**
あとがき　**186**

※本文中の(POINT)は **POINT** と対応しています。

第1章

幼児期の親支援

1．家族支援の重要性

　障害とは，WHOによる国際生活機能分類（International Classification of Functioning Disability and Health；WHO，2007）において，個人の年齢，性別，習慣や性格などを含む「個人因子」と，人々が生活する物理的環境や人々の態度など社会的環境を含む「環境因子」，さらに「心身機能・身体構造」「活動」「参加」の3要素と先の2つの要因の相互作用の結果としてとらえることが示されています。障害の種類や有無によらず，子どもにとっての家族はその成長のための重要な環境の1つであり，障害のある子どもの支援においては，家族も含めて支援計画が立案されることの重要性はいうまでもありません。

　発達障害のある子どもを育てる親やきょうだいについては，定型発達群の同集団と比較した場合，ストレスなど心理的負荷のリスクが高いとされ，発達障害者支援法の第13条においても家族支援の必要性が明記されています。しかし，子どもに関係する支援者は，しばしばその家族を"子どもの支援者"としてのみとらえてしまいがちです。私たちは，親自身や，同胞であるきょうだい自身の抱えるニーズに寄り添い理解しながら，障害のある子どもとのかかわりの中で，家族の成員すべてが適応的な生活を送れるように，そのときどきの状態にあわせて支援していく必要があります。

　発達障害の場合，身体障害や知的障害と比較して，感覚過敏・鈍麻とい

った感覚の問題，社会性の発達の遅れなど，親や周囲の大人にとって気づきにくい特徴があります。特に，知的障害のない発達障害の場合，障害が疑われてから診断を受けるまでの期間は，知的障害がある子どもに比べて長くなる傾向にあります。

　発達障害者支援法施行後，全国の各自治体で乳幼児健診での発達障害のスクリーニングの導入，早期発見から支援への体制づくりなど，さまざまな取り組みがなされてきていますが，親の理解と協力なしには健診から支援へとつながっていきません。子どもの支援への入り口である親の障害への気づきや理解の困難は，その後の支援に大きく影響することから，早期支援システムの中でも親への支援は大きな課題となっています。

　2015年に改正された発達障害者支援法の中で，早期発見などについて定めた第5条は，発達障害の疑いのある子どもの保護者についても十分な情報や相談機会の提供が必要であることを，改正前の同法よりさらに強調しています。支援者は診断の有無によらず，子ども本人，そして親自身のニーズに対して適切に応えていく責務をもっているのです。

２．家族成員の支援ニーズとその関係性の理解

　前項で発達障害のある子どもの親にとって，子どもの発達の遅れや偏りの認識や理解には困難がともなうことを述べました。発達障害特性の認識や支援ニーズは，親自身の認知特性や生活環境，特に家族間の相互の関係性によっても影響を受けると考えられます。したがって，子どもの示す特異的な行動の理解や支援ニーズについても，両親間や両親と祖父母間などで家族間の認識が全く異なる場合も少なくありません。

　障害のある子どもをもつ母親の育児ストレスは，直接的な子どもとの関係以外に，父親の母親に対する態度によっても大きな影響を受けることが知られています。たとえば，母親が子どもの強いこだわりやかんしゃくにより，育児に関して強いストレスを抱え込むことになっていた場合，父親が母親の話を傾聴しサポートできれば，そのストレスを軽減させることも可能と考えられます。このような関係が可能か否かは，さらに父親自身の

精神状態やストレス，父親の障害理解，育児参加の機会，子どもとのかかわり方や関係性，父親と母親のコミュニケーションなど，さまざまな要因に影響されると考えられます。

　また，子育てに対して祖父母の理解や協力が得られるかどうかも，両親のストレスに大きな影響を及ぼすと考えられます。特に，祖父母が子どもの障害について理解が乏しい場合，両親にとって大きな心理的負担となります。祖父母については父親と同様，障害特性やかかわりについての学習の場が不足しているため，今後支援の選択肢を増やしていくことが必要でしょう。

　きょうだいについては，「発達障害のわかりにくさ」からもたらされるストレスやきょうだい間のトラブル，親からのきょうだい児への注目の不足や過剰な期待，きょうだい自身の進学や結婚，将来の生活についての悩みなどが，適応にかかわる要因として指摘されています。きょうだいは家族の中で最も長く本人とかかわる存在であり，支援の充実が求められています。きょうだいへの支援をすすめていくためには，その前提として親の障害に対する理解が重要であることはいうまでもありません。

　障害のある子どもの家族研究において，母親研究に比べ，父親，祖父母，きょうだいを対象としたものは不足しており，今後の発展が望まれます。

　家族の生活環境や一人ひとりの家族のニーズ，関係性に関するアセスメントは，家族支援を行ううえで重要な情報をもたらしてくれます。家族のだれかが精神疾患を患っていたり，養育者が他の家族から理解や支援が得られずに孤立してしまっている場合，複数の家族に焦点をあてて支援を組み立てていくことが必要です。母親のみが来談しているケースでも，一人ひとりの家族のニーズや関係性をアセスメントすることは可能ですが，その場合のアセスメント情報はあくまで母親から見た視点であることに留意し，できるだけ多面的な情報収集を心がけるようにしていきましょう。

3．ライフステージにおける幼児期の家族支援

　発達障害のある子どもの家族の支援ニーズは，子ども自身の障害の種類

や程度などの子ども側の要因，親の心身の健康状態や経済状態や家族成員の関係性などの家庭という環境側の要因が相互に関連し，さらに診断経緯や時期も含めた子どもの成長過程にかかわる時系列的要因によって変化していきます。井上（2015）はライフステージごとの家族支援ニーズの例を表1-1 のように示しています。これは幼児期に診断を受けた子どもの家族の例であり，児童期や青年期，成人期で診断を受けた場合の支援ニーズはまた異なったものになると考えられます。家族支援のシステムはライフステージを通じて整備していく必要がありますが，本節では以下，就学前の幼児期に絞って家族支援と親面接の役割について概説していきます。

表1-1　幼児期に診断を受けた場合のライフステージごとの相談・支援ニーズの変化

（井上，2015 を改変）

時期	ライフステージごとの相談・支援ニーズの例
幼児期	①気づき段階の支援 ②診断前後の支援と情報提供 ③障害特性の理解に基づいた具体的な支援 ④就学に対する相談支援
児童期	⑤親・きょうだいとの関係に関する相談 ⑥家庭での問題行動についての相談・支援 ⑦学習や学校適応に関する相談 ⑧教師や学校に関する相談 ⑨友人関係に関する相談 ⑩いじめ・不登校などいわゆる二次的な問題に関する予防と治療 ⑪投薬に対する理解や相談
青年期	⑤～⑪に加えて ⑫異性との関係に関する相談 ⑬不安障害などの精神疾患の併存に関する相談 ⑭ひきこもりや家庭内での不適応行動に関する相談・支援 ⑮進路・就労に関する相談 ⑯地域生活や一人暮らしについての相談
成人期	⑫～⑯に加えて ⑰友人・近所・親戚も含めた地域での人間関係に関する相談 ⑱職場内トラブル・失職・求職・転職などの就労関係に関する相談 ⑲消費トラブルや経済的・金銭的な問題に関する相談 ⑳本人と夫婦の関係や子育てに関する相談 ㉑後見人制度や親なき後の不安に対する相談

幼児期の家族支援は，1）気づき段階の支援，2）診断前後の支援と情報提供，3）障害特性の理解に基づいた具体的な支援，4）就学に対する相談支援　の4つに大別できます。

1）気づき段階の支援

特に気づき段階から診断の前後の時期において，親は多くの葛藤や不安，ストレスに直面します。前述のように発達障害のある子どもの親は，気づきから診断までの期間について個人差が大きく，知的障害などに比べてその期間が長くなる傾向があります。気づきから確定診断までの期間が長ければ，その間親は自身の育て方を責め，適切な情報や具体的な援助が得られずに，不安や孤立感を長期間体験する可能性もあります。

多くの子どもは，幼稚園や保育園に入ってはじめて集団を体験しますが，この時点で親ははじめて自分の子どもと周囲の子どもを比較し，集団へのなじみにくさや周囲と同じことができないことに気づくことになります。きょうだい児がいる場合は，その比較の中で気づきやすくなると考えられますが，親の多くは最初から子どもの発達の遅れや偏りを認識できるわけではありません。たとえ園で子ども同士のトラブルが頻発したとしても，家庭の中でそのようなトラブルが生じていなければ，「園の対応や相手が悪いのではないか？」などさまざまな疑念をもつかもしれません。自らが気づくのではなく，教師や保育士から同年齢集団の中での困難や園でのトラブルを一方的に指摘されれば，このような疑念はなおさら強くなるでしょう。

親が我が子の発達の遅れに気づいたとき，「男の子だから発達が遅いのでは？」「遅れがあるかもしれないが，やはり違うのでは？」など，同時に生じる否定の気持ちとの葛藤も生じやすくなります。また，否定の気持ちの一方で，だれかに相談したいという気持ちも出てくることもあります。筆者の経験した事例では「相談に行くということは自らが我が子の遅れを認めることになるのではないか」というような戸惑いや，「相談機関に行くこと自体を相談する人がいない」というような孤立感を抱えていた方もいました。このような葛藤時期に，支援者側から専門機関への相談や医療

機関の受診を無理矢理に勧められれば、「勧めてくる支援者に対して怒りの感情を抱いてしまった」というようなことも生じると考えられます。

筆者が幼稚園や保育園のコンサルテーション現場で、教師や保育士から受ける相談の1つに、「教師や保育士は子どもの遅れに気づいているが、親に気づかせる方法はないか」というものがあります。園でできる気づきへの支援は、専門機関や医療機関へ行かせることから始まるのではなく、親の気持ちを理解し、寄り添う支援から始めることが重要です。日常の育児の大変さを共有し、親の頑張りを認め、行事の前など機会をとらえて不安な気持ちを聴いてみる、個別的な配慮を一緒に考えてみる、などまず支援のきっかけづくりをしていくことが大切なのです。

「悪者探しをしない」ということも重要です。支援者が子どもの困難さや特性を認められない親を悪者扱いしてしまい、親を追い詰めてしまった事例に出会うことがあります。その中には親が園の送り迎えができなくなってしまった、など深刻な事例もありました。単に親を「悪者にする」のではなく、親の否定を強めている要因について考えていくことが大切です。たとえば親自身の特性として、人と話すのが苦手、相談はさらに苦手、「支援者から子どものことを聞かれると自分のことを責められているように聞こえる」という人も少なくありません。

親の否定を強めている環境要因としては、パートナーや祖父母からのプレッシャーなどさまざまな要因があります。親からの話をしっかりと傾聴することで、その背景となる要因を知ることができます。まずは親が「この人なら子どものことを話しても大丈夫」という気持ちをもてるように傾聴に徹することが重要といえます。

親の意向と園・学校の方針に違いがある場合、担任や担当者だけが対応すると担任や担当者がその間で板挟みになってしまうリスクが生じます。園や学校の支援体制としては、管理職を入れた園・学校内チームをつくり、チーム対応を心がけ、場合によっては巡回相談員、園医、保健師など外部の力も借りながら慎重に親と園・学校との相互理解や信頼関係の構築を進めていくことが大切です。

園や学校などの集団の場で過剰適応してしまうタイプの子どももいます。そういったケースでは、親が家庭生活の中で子どもの発達の遅れや偏

りに気づいていたとしても，保育士や教師側にその気づきを否定されてしまうこともあります。保育士や教師は，"子どもの生活の一部しか見られない"ことを自覚したうえで，親の気持ちに寄り添い，傾聴・情報収集し，親と自分の間の認識のズレを整理しながら共通理解を図っていく必要があります。専門機関の支援者は，園と家庭での両方の子どもの様子について客観的な視点で情報収集しながら，子どもがどのような刺激や状況に反応しているのか，それが親と支援者の認識にどのようなズレを生み出しているのかを冷静に把握する必要があるでしょう。

　気づきの段階での支援は，親の気持ちにより添いながら傾聴・情報収集し，本人支援を開始する中で成功体験や悩みを親と共有しながら信頼関係を築き，必要に応じて専門相談へとつなげていくことが求められます。

　専門機関の紹介については，最初から医療機関を紹介するよりもいったん相談機関を経由させる方が親の心理的負担は少なくてすみます。ケースバイケースで紹介先を選択できるよう，園や学校の先生に，地域の専門機関の役割や機能について情報を提供しておくことも大切です。

2）診断前後の支援と情報提供

　診断に対する親の受けとめは，医師による診断告知の方法や時期，告知前の親の発達障害に対する知識や心理的状況，その後のフォローによって大きな影響を受けます。その中でも診断告知のあり方は，親の受けとめ方や障害理解に大きな影響を及ぼすことはいうまでもありません。診断告知後の受けとめについては，悲嘆や自責の念，抑うつや怒りなどの否定的な感情とともに，「自分の子育てのせいではないことにホッとした」「行動の理由がわかりすっきりした」など肯定的感情を引き起こすこともあります。

　診断前には十分な説明やインフォームド・コンセントのもとで，確定診断の根拠となる発達的なアセスメントを実施することが前提となります。またアセスメントのフィードバックの際も，子どもが良くできている領域から伝え，苦手な領域については配慮や工夫を丁寧に説明するよう努めなければなりません。診断告知に際しては親の納得と理解が得られるよう明確なことばで伝えるとともに，支援に関連する機関情報をあわせて伝えて

いく必要があります。具体的なアドバイスを行う場合は，親の精神状態や家庭環境に留意して，親が成功体験を得られるよう実行可能なレベルから行うことが望まれます。しかし，これらを医師が限られた診察時間の中で行うことは時間的に限界もあります。したがって医療機関では，診断後のケアやフォローを多職種が連携して行えるシステムを工夫していくことが求められます。

　親の障害受容研究の領域では，段階説（Drotar et. al., 1975）や慢性的悲壮（Olshansky, 1962）などさまざまな障害受容の段階やモデルが提示されています。これらの学説は，支援者にとって親の心理的なプロセスの理解に役立ちます。しかし，このような心理的受容のモデル化は一方で「障害受容」という状態が一人ひとりの内的な問題に起因するかのような誤解を与える危険性をはらんでいることに注意しなければなりません。たとえば，「障害に対して理解し前向きに取り組めないのは，その親の"性格"や"心がけ"である」というような認識から，"受容ができない親"というラベリングを行ってしまうようなケースです。このようなラベリングは，「悪者探しをしない」というところ（P.6）でも述べたように，受容を阻害している要因に対する支援者の注意を逸らしてしまうリスクとなります。支援者は，個々の親に対する自らの先入観や価値観に過度にとらわれることなく，"受容を困難にする環境要因"に注目し，注意深くアセスメントしていく必要があるのです。

　多くの親は，気づきから専門機関での相談・診断までの間，そして診断から療育や支援を受け始めるまでの間，非常に大きな不安を抱えることになります。「相談や診断まで長い時間待ったのに『様子を見ましょう』とだけ言われて落胆した」という親もいます。診断以前に親が子どもへのかかわり方を学ぶことができる親教育プログラムへの参加や，同じような子どもを育てている先輩，ペアレント・メンターなどに相談をできる機会を提供できるようになることが求められます。

3）障害特性の理解に基づいた具体的な支援

　診断後の支援は，子どもの障害特性に対する理解を深めつつ，食事，着替え，入浴，排泄，睡眠といった日常生活の中で生じる困難，ことばや認知発達の遅れ，こだわりや感覚過敏，集団適応の困難さ，などに対して共感的に聴くとともに，具体的な疑問に応えながら，日々の子育てやかかわりの中で可能な具体的な工夫を共に考えていく必要があります。こうした支援は専門機関での個別相談でも可能ですが，ペアレント・トレーニングはこのようなニーズに対応できる専門的なプログラムといえます。

　ペアレント・トレーニングの中で取り扱われる内容としては，子どものほめ方，こだわり行動や問題行動への対応，親自身のストレスマネジメント，身辺自立や生活の中でのスキルの教え方などさまざまな要素がありま

コラム　ペアレント・メンター

　「ペアレント・メンター」とは，発達障害のある子どもをもつ親であり，一定の研修により相談の受け方に関する知識や技術を学んだ親のことを指します。現在は，全国各地でペアレント・メンターの養成研修が行われており，行政や専門機関のバックアップのもとでグループ相談，電話相談，啓発活動などペアレント・メンターの活動も拡がりを見せています。

　これまで，障害のある子どもの親同士は，親の会などで子育ての悩みや支援に関するさまざまな情報を共有し，お互いに支え合ってきました。特に，障害のある子どもを育てている若い親にとって，同じ障害のある子どもを育てている先輩の親の存在は心理的に大きな支えとなります。ですが，同じ障害といっても一人ひとり子どもの特徴が異なるためお互いに理解し合えなかったり，先輩の親が励ますつもりで伝えたことばで若い親が落ち込んでしまったりすることもあります。親同士の支え合いの活動がより充実するためには，相談を受ける側の親が，発達障害に関する基本的な知識や相談支援の基本的技術を学ぶことも大切です。

　詳しくは，特定非営利活動法人日本ペアレント・メンター研究会
　https://parentmentor.jp/

す。形態としては多くは小グループで行われ，講義やグループによる話し合い活動，ロールプレイ，ホームワークなどの活動が行われます。ペアレント・トレーニングのプログラム内容をどのようなものにするかは，子どもの年齢や障害種，ニーズの違いによっても異なります。グループが苦手な親や精神的に不安定な親の場合は，サブスタッフの配置など特別な配慮や個別的に実施することが必要な場合もあります。またペアレント・トレーニング後のフォローアップも大切です。

> **コラム** ペアレント・トレーニング
>
> 　ペアレント・トレーニング（Parent Training；PT）は，行動療法の1つとして開発された親支援プログラムです。特に，発達障害のある子どもの親を対象にしたPTは，子どもの特徴にあわせた養育方法に関する知識や技術を親に習得してもらうためのプログラムであり，6～10回前後（1回2時間程度）の内容で構成され，親は4～8人のグループになって学ぶことが一般的です。
>
> 　1960年代に米国を中心に始まり，近年日本でも多くの実践や研究が行われてきました。PTによって親は養育技術を獲得し，親子関係の改善や親のストレスの減少に有効であることが実証されています。また，子どもの日常生活スキルや適応的な行動の学習，問題行動の改善などにも効果的であるとされています。
>
> 　現在では，障害のある子どもの親に限らず広く子育て支援のプログラムの1つとしてそのバリエーションが増えています。まだ全国どこの地域でもPTが実施されているわけではありませんが，主に，医療機関，大学，相談機関，保健センターなどで実施されているところがあります。
>
> 　詳しくは，日本ペアレント・トレーニング研究会
> 　http://parent-training.jp/

4) 就学に対する相談支援

　幼児期における最後のハードルは就学先の決定です。この時期，親は子どもの発達の評価を受けたり，就学相談会や学校を交えた話し合いへ参加したり，就学先の情報収集やそのための見学をしたりなど，夫婦や家族間での共通理解を図りつつ，就学先を決定していかなければなりません。就学に対する支援では，就学先の決定に至るまでの不安や葛藤に寄り添いながら，意思決定支援のための情報提供を行うことが求められます。

　親に対しては，進路決定の手がかりとなる一般的な進路先の特徴（メリット・デメリット）を伝えるだけでなく，就学予定の学校の情報の集め方を具体的に伝え，実際に親自身が学校や学級を見て関係者と相談できるよう支援していくことが必要となります。適切な就学先決定のためには，就学予定の学級や学校の環境，つまり他の児童や教室環境，カリキュラムや担任（就学時には替わる可能性もある）や学校全体の支援体制などの環境要因の情報が欠かせません。親がこれらの情報にアクセスし，判断材料にできるようにすることが重要なのです。しかし，中には家族内・夫婦間の意思が定まらなかったり，周囲の多様な意見に悩みを深くしたりして，「先生はどちらがよいと思いますか」，と進路決定に関して意見を求められることもあるでしょう。支援者はあくまで最終判断は親が意思決定をしなければならないことを伝えたうえで，選択肢ごとに判断材料を整理し，意思決定のアシストをしていくことになります。意思決定のための支援は，相談者にかわって意思決定をすることではなく，意思決定のためのプロセスを支援するということを心がけるようにしていく必要があります。

　最近では教育委員会主催の就学相談会が設置されている地域が増え，就学先の決定に対して親の意見が尊重されるようになってきています。このような中で，親のニーズとしては，実際に子どもを地域の学校に通わせている先輩の親の声を聞きたいという声も強いようです。発達障害の子どもをもつ親であり相談を受ける者でもあるペアレント・メンターなど先輩の親によるグループ相談会などを開催している地域もあり，新しい就学時支援の1つの方法として注目されます。

4．家族支援のための連携

　親が自ら相談・支援を求めることができず，抱え込んでしまうケースも少なくありません。地域社会からの孤立を防ぐためにも，医療・保健・福祉・教育・労働・司法など，さまざまなサービス分野の支援者に対して発達障害についての基本的な研修を定期的に実施し，相談に訪れた本人や家族が，必要な支援の利用につながっていくよう地域体制を見直していく必要があります。

　現在，市町村ごとに福祉サービスの窓口やサービス提供機関は異なっています。親が支援にたどり着くためには，最初に地域の中でこれらの窓口情報を集めることが求められます。「勇気を出して行ってみた窓口で，いろいろ答えにくい質問をされた挙句に，他の部署に行くようにいわれ，あきらめてしまった」「苦手な書類を何度も書かされて，申請をやめてしまった」などの声を聞くことがあります。自分たちの住む町ではこんなときはどこへ行けばよいかを住民目線でとらえ，年齢ごとに受けられるサービス，窓口や支援機関，必要な手続きや書類，利用者の声などをまとめた「地域リソースブック」を発達障害者支援センターや親の会，ペアレント・メンターなどが作成し，各機関で共有することが望まれます。たとえば，「NPO法人ペアレント・サポートすてっぷ」は，親の視点からみた倉敷市（岡山県）のリソースについて，「倉敷子育てハンドブック　ひとりじゃないよ」を，地元の親向けに発行しています。

　支援につなげていくためのキーパーソンとして，前述したペアレント・メンターがいます。メンターには同じような体験をしてきた親としての「高い共感性」と，地域の教育・医療・福祉など実際のサービスを体験し，地域の現状を理解したうえでの「ユーザー視点からの情報提供」ができることに特徴があります。メンターは，診断後の情報提供，ペアレント・トレーニングの補助スタッフとしての支援，サポートブック作成会の主催，就学に関するグループ相談，個別の支援ファイル作成支援，学齢期の情報提供，進路相談，地域での啓発活動などさまざまな活動において，障害のある子どもを育ててきた経験や知識や地域の情報を生かして相談相手や地

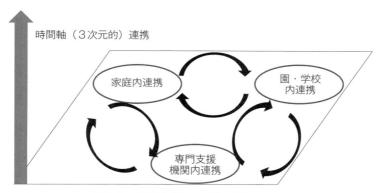

図1-1　連携のモデル（井上，2013）

域機関との連携役になることが期待されています。このようなメンター活動を専門支援機関や行政がバックアップしていくことで、当事者視点での途切れのない家族支援システムが地域で根付き、広がっていくと考えられます。

　連携には、たとえば幼児期・学齢期では、家庭内、園・学校内、支援機関内といった集団や組織内連携と、家庭や園・学校や支援機関との間での組織間連携があります。これらの連携は、ライフステージのある時期において2次元（平面）上の連携を構成しています。この2次元上の連携に、ライフステージという時間軸を加えて考えていきます。たとえば学年間の連携、幼児教育機関と小学校間の連携などは3次元の連携になるといえるでしょう（図1-1）。効果的な連携体制構築のためには、このような3次元の軸からとらえ、それら1つ1つの関係性がどのようになっているのかを評価していく必要があります。

　来談者の連携体制が現時点でどれくらいできているのか、リソースの利用状況をP.82のように図示してみるのもよいでしょう。現時点でのリソースの利用状況をまとめておくことは、支援を実施する場合とても有効です。たとえば親の気持ちを受けとめる役割の機関、場合によってはシビアな情報を親に伝達しなければならない役割の機関、子どもに支援を提供す

る役割の機関など，各機関の特性を生かして役割分担することも可能になるのです。

　連携の実態を評価し，支援につなげていくためのツールが個別の（教育）支援計画です。個別の（教育）支援計画では，組織内連携，組織間連携，時系列連携の3つが適切に評価され，都度書き加えられていくことが望まれます。

　連携の実態が示されただけでは，それを深めたり支援に活用したりすることはできません。連携には適切な情報共有が必要となります。情報共有で難しいのは，状況に応じて情報の取り扱いを吟味することです。たとえば保護者の作成する「サポートブック」（P.101コラム参照）には一般的に保護者が園・学校に共有してほしい情報が記載されています。しかし，家庭と園・学校との間で信頼関係が崩れている場合や，本人や親が著しく傷ついている場合「現時点ではこれまでの情報を伝えないでほしい」と望む場合もあります。さらには親や本人の間ですべての情報を共有することが適切ではないと判断する場合もあります。

　個々の情報について，共有する相手ごとに「どんな情報を共有するのか？」「情報の管理者や発信者をだれにするか？」「どの範囲で共有するか？」といった点を吟味する必要があります。

　家庭と園・学校の伝統的な情報共有システムとしては連絡帳があります。しかし，連絡帳では子どもが帰る時間までに書き終えなければならないという時間的制約，文字という表現手段の制約もあります。インターネットを活用した家庭と学校や支援機関との連携システムも考えられますが，組織や行政単位での情報共有システムは管理コストや個人情報管理のリスク，対象家庭の転居などに伴うシステム間の移行，過去の支援情報へのアクセスに制限がかかるなどの課題もあります。これに対して，サービスを提供する側が情報共有のシステムを作るのではなく，SNSなどを活用して親自身が情報共有システムの管理者となるという実践も検証されてきています。

　井上ら（2008）は親によって個別に閲覧許可が出せるSNSを利用してインターネット上に情報共有するシステムの構築を試みています。これによって歴代の担任や支援者と行った有効な支援法や支援ツールを写真や動

画を用いて，時間を超えて周囲の人々に伝えたり，前任者が新しい支援者を支援したりすることも可能になります。親がサイトを管理できることが必要ですが，行政側のコストがなく実行可能な新しい連携方法であると考えられます。

5. 家族支援における支援者の役割と専門性

　今まで述べてきたように，家族支援において支援者の態度としてまず重要なのは，寄り添う姿勢と共感・傾聴です。親の精神的な安定や信頼関係の構築は，子どもの発達や家庭環境に対するアセスメント情報の収集にも不可欠です。次に求められるのは，子どもや家庭環境に対するアセスメント情報に基づいて，"今できるところからの支援"が実行できることです。この時点で他の相談支援機関につながっていれば，親の承諾のもとでアセスメント情報の共有や，個々の特性に応じた発達支援のための工夫，問題行動への対応などを協働して進めていくことが可能になります。

　親の心理状態やニーズは多種多様です。支援者は親の心理状態を適切に理解し，疑問やニーズに応え，共に考えていくことが求められます。支援者の基本的な知識や技能としては，基本的なカウンセリングスキルに加え，発達障害の特性や支援方法の理解，子どもや親に対するアセスメント方法への習熟，アセスメントや支援方針に対する説明スキル，子育てのストレスや心理状態に対する理解，行動変容法（応用行動分析）に対する理解，地域の情報や連携スキル，コンサルテーションスキル，福祉制度や特別支援教育に関する制度の理解などが考えられます。これらの専門性は，もちろん一度に身につけられるものではありません。本書を含め他の専門書も参考にしながら，学びと実践の反復を繰り返していきましょう。

第2章 親面接の進め方

1．アセスメントの進め方

1）アセスメントの目的

　「アセスメント」とは，支援を考えるうえで必要な情報を集め，集めた情報から支援方法を考えるプロセスのことです。子どもの接し方に関する悩みや心配事を抱えている親との面接は，子どもと親の支援方法を考えるために行われます。そのため，面接の中では，親からの情報を手がかりとして子どもに関するアセスメントを行うことになります。また，面接中の親の態度や話から，親の子どもへの接し方，考えや思いを聞き取り，親自身に関するアセスメントを行うことも求められます。つまり，親面接においては，子どものアセスメントと親のアセスメントを同時に進めていくことになります。そうすることで，子どもに必要な支援と，親が実際に実行できる支援を考えることができます。

　親との面接は「カウンセリング」という側面もあります。面接者が親の話を傾聴し，親の気持ちに共感を示していくことが，親の精神的なサポートにつながります。

　親面接では，アセスメントとカウンセリングの両方の視点を意識しながら進めていくことが大切です。

2）アセスメントの内容

　アセスメントでは，特にはじめの段階ではできるだけ幅広い情報を集めるように心がけ，すぐに結論づけないように注意します。たとえば，親の話からすぐに面接者が「子どもが自閉スペクトラム症（ASD）である」と結論づけてしまうと，無意識にASDの特性に関する情報ばかりを集めようとしてしまうかもしれません。ASDが疑われる場合に，子どもの特徴に関する情報を得ることはもちろん大切ですが，面接者は，「ASDであるかもしれない」という仮説を念頭に置きながらも，幅広い情報を得ようと心がけるようにしなければなりません。

　子どものアセスメントは，発達や特性に関するアセスメントと，行動に関するアセスメントが中心になります。親のアセスメントも子どもと同様，親自身の特性（性格，心理社会的状況など）と行動の傾向（子どもに対するかかわり方など）に関するアセスメントが中心になります POINT 。親は子どもにとっての人的環境であり，親のアセスメントは，子どもを取り巻く人的環境のアセスメントの1つとも言えます。これらの情報を幅広く集めることで，支援の方向性を多様に考えることができます。たとえば，子どもの適応をよくするために，子どもになんらかの支援を行った方がよいか，親の子どもに対する対応を変えることがよいか，それとも子どもに対する親の考え方や気持ちを変えていくことが必要か，などを検討できます。

　親面接の中で子どもに関して語られる内容には，客観的な事実と主観的な事実という2つの側面があります。子どもが見せる具体的な行動や物理的・人的環境についての情報は，客観的な事実と言えます。そして，親がその客観的事実をどのように認識しているか，感じているかということは，親の主観的な事実と言えます。たとえば，子どもが家庭でどのような遊びをしているか面接者が尋ねた場合に，「乱暴な遊び方をするんです」と親が語り，さらに具体的な様

POINT
　勤務先，家族の生活状況（住居環境，経済状況），家族内の関係，他の親との関係，子どもが通う園の先生との関係，困ったときに相談できる人や相談先の有無，など環境面の情報もより広く収集していけるとよい。

子を尋ねると，子どもが「モノを投げたり，モノ同士をぶつけ合ったりして遊んでいる」ということが語られることがあります。この場合，モノを投げたりしているということは客観的な事実です。一方，そのブロックで遊んでいる様子を見た親が「乱暴な遊び」と感じていることは，親の主観的な事実と言えます。面接の中で親から語られる話の内容が，客観的な事実なのか親が感じている主観的な事実なのかを整理して聴いていくことが必要です。

3）アセスメントのための面接の進め方

アセスメントを行うためには，面接の進め方における「構造化」について理解しておく必要があります。面接における構造化とは，必要な情報をある決まった順に，決まった方法で聴取していく，という意味です。大きく分けて「構造化面接」「半構造化面接」「非構造化面接」の3つの形態があります。

(1) 構造化面接

構造化面接とは，必要となる情報をある一定の手順で聴取する面接形態のことです。たとえば，医療機関での面接では，ある疾患の診断の基準を満たすか否かを判断するために必要な情報を漏らすことなく集める必要があるため，よく用いられます。

構造化面接は，面接者にとっては，必要な情報が効率よく得られるという点でメリットがあります。また，どのような内容をどのような順に聞いていけばよいかが定められていることが多いので，経験の少ない面接者や，だれが面接をしても，同じように聞き取れることがメリットです。親によっては，相談をするといっても何からどのように話せばよいのか戸惑う方も少なくありません。そのような親にとっては，面接者から明確に質問される方が話しやすいようです。一方で，親によっては，質問されたことにただ答えただけで，話したいことを自由に話せなかったという思いを抱かれる方もいるでしょう。そのため，構造化面接によって面接を進める場合には，面接の開始時に，「こちらからいくつか質問をしていきますね」「質

問されたこと以外で話したいことがあれば後でお聞きしますね」と前置きをしてから進めるとよいでしょう。

(2) 半構造化面接

半構造化面接は，集めていく必要のある情報があらかじめ決められているという点では，構造化面接と同様ですが，質問する順番や質問の仕方は必ずしも一定ではないことが特徴で，さまざまな領域で用いられています。面接の進め方の手順が定められていないため，面接者によって，また親の話の流れによって柔軟に進めることができます。面接者には，必要となる情報が何か把握しておくこと，話の流れにあわせて情報を得ていくこと，もし話の焦点がずれてしまった場合には話の焦点を戻すことなどの技術が求められます。はじめのうちは必要な情報を得るためのチェックリストのようなものを用いながら，情報を集めていくとよいでしょう。ただし，1つずつ順に質問していくように進めていくと，構造化面接のようになるため注意が必要です。半構造化面接では，親の話の流れに沿って柔軟に情報を集められるメリットがある反面，話の流れによっては，面接者が知りたい情報が得られない場合もあります。子どもの発達について聞き取るつもりが，親自身の仕事や家族の話となり，なかなか話が戻せなかったなどということはよくあることです。必要な情報を得るという点では，親にとって嫌悪的にならないように話題を戻す必要がありますが，子どもの発達に関する話だけではなく，子どもにかかわる家族間の悩みを聴いて欲しいという親もいます。その場合には，子どもの話を聞き取ることばかりに重きを置くと，親が不満足感を抱くことがあります。継続的な面接が可能である場合や緊急性が高くない場合には，親の話したい内容を聴くことを当面の目標にしてもよいでしょう。

(3) 非構造化面接

非構造化面接は，話の焦点や，進め方があらかじめ定められておらず，親が自由に話したいことを話すような面接形態です。医療機関での心理カウンセリングなどで用いられていることが多い形態です。エピソードについて順を追って説明することが得意な親や，自分が話したいことを自由に

話したいという親には満足感が高いようです。しかし、子どものアセスメントという視点から考えると、支援方法を考えるために必要な情報を十分に得られないこともあります。また、親自身に発達障害の特性が見られたり精神的に余裕がなかったりする場合は、話がまとまらない、突然話題が変わる、といったことがよく見られます。そのような親には、話の方向づけをするために、構造化面接や半構造化面接のように面接者が親の話す内容を整理しながら聞き取っていくことで、親自身も自身の話したいことを整理できるようになります。自由に聞くだけでは子どもの全体像がわからず、問題点を絞り込めないまま面接が進行してしまう危険性があるため、聞き取るべき情報について絞り込んでおくこと、それらの情報について適切な文脈とタイミングで、具体的に質問し、情報収集していくことが重要です。

　構造化面接、半構造化面接、非構造化面接のどれがよいかというようなことではなく、面接の構造化のメリットとデメリットを理解し、面接を進めながら必要に応じて構造化面接のように情報収集を中心に進めたり、親の様子や話の流れから、親が話す内容に面接者があわせタイミングよく情報を得ようとしたり、組みあわせることが実際的と言えます。面接の目的

表2-1　構造化の形態のメリットとデメリット

面接の形態		構造化面接	半構造化面接	非構造化面接
面接の重点		アセスメント	アセスメント	カウンセリング
メリット	面接者	手順や聞き方が決まっているため進めやすく、必要な情報を収集できる	親の話の流れにあわせながら、必要な情報を収集できる	親の話の流れに沿って聴くことができる
	親	質問が具体的なため、答えやすい	質問が具体的なため、答えやすい	話したいことを自由に話せる
デメリット	面接者	一問一答形式のようになりやすい	話の流れにあわせた聞き方が難しい	面接者が得たい情報を得ることが難しい
	親	自由に話すことが難しい	自由に話すことがやや難しい	何をどのように話せばよいかまとめることが難しい

や限られた時間の中で，どのような形態で面接を進めるかを決めることが面接者に求められます。

面接の形態別の特徴をまとめると表2-1のようになります。

4）面接の進め方の基本技術

面接は，面接者と相談者（親）のコミュニケーションの場といえます。そのため，相談者である親の特徴によってだけでなく，面接者自身の特徴（面接を行ううえでの癖や傾向）によっても面接の進め方が左右されます。

面接者は，まず，面接における自身のコミュニケーションの特徴（考え方や感じ方，話し方や聴き方の癖など）を自覚しておくことが必要です。親面接においては，面接者の「親」というものに対する価値観，つまり「親はこうあるべき」というような自身の考え方が面接に影響しやすくなります。たとえば，面接者が「親は子どもをほめることが大切」という考え方をもっているときには，子どもをほめられないという親に対してネガティブな印象をもってしまい，ほめられないことをよくないことと指摘してしまったり，「ほめることが大切ですよ」と安易なアドバイスをして

コラム　さまざまな相談形態

「構造化」という面接の進め方に関する形態とは別に，面接方法や面接自体にも形態はさまざまあります。面接方法としては，対面して行う面接，電話相談，メール相談などがあります。面接の形態としては，面接者と親の一対一の面接，「親子同室面接」（面接者と親・子どもが一緒の部屋で行う），「親子並行面接」（面接者と親の面接と並行して，別室で他の面接者と子どもが面接を行う），「家族面接」（面接者と家族が一緒に面接する），「グループ面接」（面接者と複数の親が面接する）などがあります。それぞれ特徴がありますので，必要によって使い分けることが必要です。

この本で取り上げる「面接」は，基本的に，面接者が親と一対一で対面して行う面接を想定して書かれています。

しまったりすることが起こりやすくなります。つまり，目の前にいる親のことを理解せずに，自身がもつ親のイメージ像に当てはめてしまい，そのイメージに近くなるようにアドバイスをしてしまうことがあるのです。そうならないためにも，目の前にいる親がどんなことに悩んでいるのか，どのように子育てをしているのか，どのような生活をしているのかを傾聴し，親の考えや気持ちを尊重する姿勢で面接に臨むことが必要です。親を尊重する姿勢は，面接者と親の信頼関係を作るうえでとても重要です。

　また，面接者には，面接を進めていくための技術も必要です。面接の準備，話の聴き方（傾聴）のスキル，質問の仕方のスキル，伝え方のスキルなどの基本的な技術を習得しておくことが求められます。これらの技術は，面接やカウンセリングの基本的な技術として，さまざまな書籍に数多く取り上げられていますので，それらも参照してください。この章では，特に親面接において，子どもと親のアセスメントを進めていくうえで必要となる主な技術を紹介します。

コラム　面接中の相手（親）の呼び方

　通常の親面接では，親は子どものことを相談することがほとんどであるため，面接者が，相談者（母親）を，「お母さん」「お母さま」「〇〇くんのお母さん」などと呼ぶことは自然なことです。なぜなら，面接者は目の前の相談者を「親」として見ているためです。一方で，中には，親としての役割について悩んでいたり，親である自分自身のことで悩んでいたり，または自分の親（子どもにとっては祖父母）との関係や，仕事のことなどで悩んでいたりする親も少なくありません。そのような相談者の中には，面接中に，面接者から「お母さん」と何度も呼ばれることに息苦しさを感じてしまう方もいるでしょう。親面接は，「親」としての相談という側面と同時に，「自分自身」の相談という側面もありますので，たとえば，後者のような主訴の場合には，面接者は相談者の方を「□□さん」（苗字）と呼び，その方自身の相談として扱うことが重要となります。面接者は，これらの呼び方を意識的に使い分ける必要があるときもあります。

(1) 面接の準備

　まずは，面接にゆったりとした気持ちで臨めるようにするために，また面接にしっかりと集中できるようにするために，面接者は心身の健康を整えておきましょう。自身のストレス反応を理解し，あらかじめ対処しておくことは，面接者として身につけておくべき大切なスキルです。

　あらかじめ決められた時間を守り，焦らずに面接が行えるようなスケジュールを立てておくことも大切なポイントです。複数の方と相談を行う場合には，前の面接の終了時間と，次の面接の開始時間の間に，短くても10〜15分程度は時間を空けておきたいものです。

　相談に来る親は，はじめての場合は特に緊張していますので，話しやすい雰囲気を作ることが大切です。面接を行う場が静かであり他者から見られたり話を聞かれたりしないような部屋であると，親は安心して話せます。また，適度な温度で，整理整頓されていると，話に集中しやすくなるでしょう。机や椅子の配置，座る位置，相手との距離感によっても，話しやすさが変わりますので，それぞれの部屋の状況にあわせて，適度な距離感が保てる位置に座るようにしましょう。

(2) 話の聴き方（傾聴）のスキル

　傾聴的態度，うなずきや相づち，繰り返し，言い換え，要約のスキルによって親の話を傾聴し，親の気持ちに共感することは面接においてはとても重要なスキルとなります。

　しかし一方で，安直な共感は避けなければなりません。面接者が安易に「わかります」と言うことが，親には逆に「わかってもらえない」ととらえられてしまうことがあります。また，たとえば，親から子どもの通っている園に対する批判や否定的な気持ちが語られた場合に，面接者自身の感情で「それはひどいですね」と同調してしまうと，親はさらに園への批判や否定的な気持ちを強めてしまうことがあります。

①傾聴的態度

　相談者の話を聴く際には，面接者には傾聴的態度が求められます。傾聴的態度とは，相談者の話に積極的に関心を示し，丁寧に話を聴こうとする

面接者の態度のことです。傾聴的態度で重要なポイントは，身だしなみ，姿勢，表情，視線，仕草・ジェスチャー，話すテンポ，声の大きさ・トーンなどが，相談者にとって適切である，自然である，ということです。相談者が「自分の話をよく聴いてくれている」と感じられるような態度を心がけましょう。このような非言語的な要素は，良好なコミュニケーションを行ううえで重要な意味をもちます。基本的な原則としては，相談者の様子にあわせることが適切といえるでしょう。たとえば，ゆっくり話す相談者に対しては，面接者もそのテンポにあわせてややゆっくり話したり，落ち込んでいたり悲しい話をする相談者にあわせて，面接者も声のトーンをやや低くして話したり，反対に，うれしい話をする相談者にあわせて，テンポを少し早くする，声のトーンを少し高くする，相手の表情にあわせるなど工夫するとよいでしょう。ただし，あわせ過ぎてしまうとかえって不自然な印象を相談者に与えてしまうことがあり適切とはいえません。相手の様子を見ながら調整していくことが大切です。

　話を聴く際の傾聴的態度には人それぞれ癖があり，面接場面でも意識していないと普段の癖が出てしまうものです。たとえば，友人や家族と話をするときは足を組んでいても相手はあまり気にしていないかもしれませんが，面接の中ではそのような態度が相談者によくない印象を与えてしまうかもしれません。普段よくやってしまいがちな姿勢や仕草など，自身の癖を自覚し，面接の中ではコントロールできるようになっておくことが必要です。

②うなずき，相づち

　親の話にうなずくことや相づちを打つ（たとえば「うん，うん」「はい」「ええ」「そうなんですね」など）ことは，面接でとても重要です。うなずきや相づちには，面接者が親の話をしっかりと聴いていることを示し，親にさらに話すよう促す役割があります。親の気持ちに対しては，共感的なうなずきや相づちの仕方が大切です。

　傾聴的態度と同様に，うなずきや相づちには人それぞれの癖があるため，不自然にならないようなうなずきや相づちの仕方を身につけると同時に，相手の話すスピードやトーンにあわせて，うなずきの深さや速さ，相づち

の速さやトーンを調整することが大切です。特に，相づちに関しては，いくつかの種類を身につけることが望ましいでしょう。相づちの種類が少なく，たとえば，「はい」や「ええ」を繰り返してばかりいると，相談者は話しづらくなってしまいます。

③繰り返し

　親が話したことばや話した内容の一部分を，面接者が繰り返すことです。繰り返しの技法は，面接者が親の話をよく聴いているということを示し，親にさらに話すよう促す役割があります。また，親が話した内容を確認する役割や，親の気持ちに共感を示す役割も果たします。

●親の話した内容を確認する役割（例）
　　　親：うちの子は，すごく活発というかよく動くので，外に出かけたときに，子どもが走ってどこかに行ってしまわないか心配で目が離せないときがあるんです。
　面接者：外に出かけたときに，お子さんが走ってどこかに行ってしまわないか<u>目が離せないときがあるんですね。</u>
　　　親：はい。この前も，いなくなってしまって……。

●親の気持ちに共感を示す役割（例）
　　　親：うちの子は，すごく活発というかよく動くので，外に出かけたときに，子どもが走ってどこかに行ってしまわないか心配で目が離せないときがあるんです。
　面接者：お子さんが走ってどこかに行ってしまわないか<u>心配に思われるのですね。</u>
　　　親：そうなんです。心配になるんです。

第2章　親面接の進め方

④言い換え

　親が話したことばや話した内容の一部分を，面接者が自分のことばで言い換えて伝えることです(POINT)。繰り返しの技法と同様に，面接者が親の話をよく聴いているということを示し，親にさらに話すよう促す役割があります。また，親が話した内容を確認する役割や，親の気持ちに共感を示す役割も果たします。

　繰り返しの技法と異なる点は，言い換えの技法は，伝えることばによって，親が別の視点や新たな考え方に気づくのを促す役割をもつということです。また，表現することが苦手な親に対しては，その親の気持ちや考えを推し量り，代弁することで，考えや気持ちを明確にしたり整理したりする役割を果たします。

> **POINT**
> 自分が言ったことばを正確に返さないと「それは違います，○○です」と言われてしまうこともある。繰り返しや言い換えの際にも，親の特性を配慮する。

●親に別の新たな考え方を示唆する役割（例）
　　親：うちの子は，すごく活発というかよく動くので，外に出かけたときに，子どもが走ってどこかに行ってしまわないか心配で目が離せないときがあるんです。
　面接者：お子さんが走ってどこかに行ってしまわないか心配だから，目を離さないように<u>よく気をつけていらっしゃる</u>のですね。
　　親：そうなんです。前にいなくなってしまったことがあって。それ以来，気をつけているんです。

●親の気持ちや考えを代弁する役割（例）
　　親：子どもと外に出かけたときに，子どもが走ってどこかに行っちゃったらどうしよう……って思うんです。
　面接者：お子さんが走ってどこかに行ってしまわないかということが，お母さんは<u>心配なんですね</u>。
　　親：そうなんです，心配なんです。だから，外に出るといつもハラハラして……。

⑤要約

　繰り返しの技法や言い換えの技法によって，これまでの親の話の要点を整理してまとめ，伝えることです。主に，1つの話題が長くなってきたときや，話題が広がってしまったとき，新たな話題に移るとき，また，面接の開始時に前回の面接を振り返ったり，面接の終了時に今回の面接を振り返ったりするときにもよく用いる技法です。繰り返しの技法や言い換えの技法と同様に，面接者が親の話をよく聴いていることを示し，親が話した内容の確認や，共感を示す役割を果たします。

(3) 質問の仕方のスキル

　面接によるアセスメントにおいては，親の話す内容についてさらに詳しく聞くことや，わかりにくい部分をより明確に聞くために，質問の仕方を工夫してタイミングよく質問し，必要な情報を集めていくことが大切です。

①オープン質問

　オープン質問は，答え方が限定されないで自由に答えることができる質問の仕方です。「保育園でのお子さんの様子はいかがですか？」という質問に対して，「楽しく通っています」「最近，クラスで落ち着きがないみたいです」と答えたりすることができます。

　オープン質問は，相手に自由に話してもらう方法ですので，自分から話せる親や，話したいという親に向いています。また，オープン質問は，「ご心配な点はどのようなことでしょうか」「ご心配な点について，もう少し話を聞かせてもらえますか」というように，たとえば面接の始めや，幅広い情報を集めたいときに使用するとよいでしょう。

　ただし，オープン質問を用いると会話が広がりやすい一方で，多用すると話全体の焦点が絞れなくなってしまったり，面接者が得たい情報とは関連しない話題に進んでしまったりすることがあります。

②クローズ質問

　クローズ質問とは，答え方が限定される質問の仕方です。「お子さんは，保育園に通っていますか？」という質問に対して「はい」か「いいえ」で

答えたり，「お子さんが通っているのは保育園ですか？　幼稚園ですか？」という質問に対して「保育園です」や「幼稚園です」と答えたりすることができます。

　クローズ質問は答え方が限定されるため，たとえば，自分から話すことが苦手な親に対して使用すると，相手は答えやすいようです。また，クローズ質問は，たとえば，「保育園は何歳ごろに入られたんですか？」「お子さんが，保育園で他の子どもたちと遊べないということをお母さんは心配されているのですね」というように具体的な情報を集めたり，ポイントを明確にしたりするために使用できます。

　ただし，クローズ質問を多用すると，親がまるで尋問を受けているような印象をもつこともあるため注意しましょう。また，面接のはじめから使用すると，特定の情報ばかり集めてしまいがちで，親の主訴に関する情報を幅広く集めることが難しくなります。

　オープン質問を使用することによって，幅広い情報を集めることができ，オープン質問によって得られた情報は，クローズ質問を組みあわせることにより，明確化・具体化することができます。したがって面接では，オープン質問でさまざまな情報を集めながら，その情報をクローズ質問で明確化していくという流れで進めていくとよいでしょう。

(4) 伝え方のスキル

　面接は，面接者と親とのコミュニケーションの場です。面接者には，話の聴き方だけでなく，伝え方のスキルも身につけることが求められます。

①ねぎらい，承認，賞賛，励まし

　面接の開始時には，親の緊張する気持ちをやわらげるねぎらいのことば，たとえば，「今日は，来ていただいてありがとうございます」「ここまでどのくらい時間がかかりましたか？　遠かったでしょう」などと伝えます。また，面接の中で親が話す子育てで苦労してきた状況に対しては，たとえば「これまでよく頑張ってこられましたね」「今まで本当に努力してこられたんですね」「だれにも相談できなくておつらかったでしょう」「よくお話ししてくれましたね」というように伝えましょう。そして，親がこれま

で工夫してきたことやよくできているところに注目して，たとえば「とてもいい工夫だと思います」「自信をもってください」「このまま続けていきましょう」というように，認めたり，ほめたり，励ましたりしましょう。

ねぎらい，承認，賞賛，励ましのことばによって，親自身が前向きな姿勢で子育てをしていく気持ちを高めることができます。

> **コラム** 自分に合ったことばの選び方
>
> 　年齢の若い相談員や，親支援の経験の少ない支援者は，親との面接に苦手意識をもっていることが少なくありません。「自身の子育ての経験もないのに，親にどういう声掛けをしたらよいか」「自分より年上の親になんと言ってアドバイスをしたらよいか」という声もよく聞きます。声掛けの仕方，アドバイスの言い方には，正解はありません。たとえば，ベテランの相談員や，先輩と同じように，若い相談員の方が，「お母さん，よく頑張っていますね」とねぎらったり，子どもへの接し方について「それでいいんですよ！」と認めたり，「大丈夫，自信を持ってください」と励ましたりすることが，「偉そうに言われた」と親に受け取られてしまうこともあります。親を尊重し，ねぎらうことは大切な姿勢ですが，そのことばの選び方については，自分が無理なく言えることばで伝えてほしいと思います。この本で紹介しているさまざまな「セリフ」をそのまま使うのではなく，参考にしながら，自分に合ったことばを探してみてください。

②話題の方向づけ，話題の転換

　面接でアセスメントを進めていくためには，親が話したい流れに沿って聴くことが大切である一方で，こちらが知りたい情報を幅広く正確に集める必要もあります。たとえば，子どもの保育園での様子について一通り情報を集めた後，「おうちではどうですか？」「おうちでのお子さんの様子についても聞かせてください」と伝えることで，今度は，家庭での子どもの様子に関する情報を集めることができます。また，話がそれてしまったときには，話題を本筋に戻すために「さきほどの話ですが」「ところで」などと前置きを付けて話すこともできます。このように，話題を方向づけた

り，転換したり（変えたり）することで，面接をスムーズに進めていくことができます。当然ながら，話題の方向づけや転換は，できるだけ会話の流れが不自然にならないように，また，親に「途中で話をさえぎられた」というネガティブな印象を与えないように注意しましょう。

　親面接では，基本的には，子どもの話題が中心になります。またその内容も「子どもが，〜ができません」「子どもの〜に困っています」「これから〜が心配です」というように，子どものできていないことや，心配であったり困ったりすることが中心になりやすくなります。一方で，親自身に関することや，子どもが今できていること，できるようになったことなどについての情報も，重要な情報といえます。「お母さんは，自分の時間があるときには，どんなふうに過ごしていますか？」と親自身のことにも話を振ったり，「4月からこれまでで，お子さんができるようになったことはどんなことですか？」「以前心配されていたことで，今は心配が見られなくなったことは何かありますか？」と，子どもの成長したことについても話題にすることで，情報を集めていきましょう。

③アドバイス，情報提供

　面接者からアドバイスをしたり，支援制度や支援機関に関する情報を提供したりする際には，親にわかりやすく伝える必要があります。できるだけ専門用語は使用しないで説明すること，具体的に伝えることがポイントです。複数の内容を伝える場合には，1つ1つ丁寧に伝えましょう。例示しながら，また視覚的に図示しながら伝えると親にとってよりわかりやすくなります。

　伝える際には，親がアドバイスの内容を理解しているかどうか，親の反応を見ながら伝えることが大切です。親が首を傾げたり，うなずくことがなかったりして，理解することが難しい様子である場合には，説明の仕方を変えたり，「ここまでの説明でわかりにくかった点はありませんか」と適宜確認します。あらかじめ，「わかりにくいことがあれば何でも聞いてくださいね」と，親がいつでも質問できるように伝えておくとよいでしょう。

　親によっては，アドバイスの内容が理解できないのではなく，その内容

に納得できないという場合もあります。アドバイスの内容が、自分の価値観に合わなかったり、実行が難しかったりする場合です。そのような場合には、説明の仕方を変えて何度も繰り返し説明しようとすることが、親にアドバイスを押しつけているような印象をもたれてしまうことがあります。「今の話を聞かれてどう思われましたか？」「お家でやってみるのは難しそうですか？」というように、親の考えを聞き、納得しない理由を探っていくことが大切です。その理由にあわせて、アドバイス内容を柔軟に考え直すことが必要です。

また、親によっては、アドバイスや情報提供の内容について自発的にメモを取りその場ではうなずいて納得しているように見えても、後で全く違う意見として受け取っていたりすることがあります。面接者が視覚的に図示しながら伝えたり、面接者からのメモを渡したりするなど、工夫する必要があります。

5）面接の進め方

面接は、(1)面接の開始、(2)アセスメント、(3)得られた情報の整理と見立て、(4)フィードバックやアドバイス、(5)フィードバックやアドバイスに関する親の疑問・質問、意見の聴取、(6)面接のまとめと終了、というように進めていきます。それぞれの項目でのポイントを以下に説明していきます。

(1) 面接の開始

面接は、実際に相談者と会う前から始まっているという意識をもっておきましょう。申し込み（予約）時に、大まかな相談内容（主訴）や基本的な情報（表2-2）を聞き取ったり、書類に記入をしてもらったりしておくとスムーズに面接を進めることができます(POINT)。また、親にとっては、

> **POINT**
> 相談申し込み後、基本的な情報や質問紙を、親に説明し承諾を得たうえであらかじめ郵送し、記入して持参してもらう場合や、来談時に記入してもらう場合がある。書かれた内容については面接の中で確認するので、書類は細かすぎず、記入しやすいことが重要である。記入に非常に時間がかかる相談者の場合には、不安の高さ、完璧主義、書くことが苦手など、親の特性が現れている場合がある。

表2-2　相談者の基本的な情報の例

- 家族構成
- 現在通っている園・通園歴
- 相談したい内容（概要）・相談歴
- 子どもの通院歴，診断の有無
- 子どもの健康面・身体面に関して（病気，発作，アレルギー，投薬の有無など）
- 子どもの発達に関して（質問紙への記入など）

書くことで，悩みや相談したい内容を整理できることもあります。あらかじめ親に，子どもの発達に関する簡単な質問紙・チェック用紙に記入してもらっておくのもよいでしょう。

　また，面接の環境づくりも，面接開始前にできる大切なポイントの１つです。たとえば，部屋の環境づくりとして，部屋をきれいにしておくことはもちろん，明るさ，ソファー・イスや机の配置を整えておくことや，面接時に子どもが一緒にいる場合にはおもちゃなどを準備しておきます。

　以上のような事前の準備を行ったうえで，面接を開始します。入室してもらい，挨拶をします。「よく来てくださいましたね，よろしくお願いします」というように，まずは相談に来たことをねぎらいましょう。そして，面接での基本的な約束事，プライバシーの保護のことや，面接の時間などについての説明をします。始めのうちは，親は不安を感じていたり，緊張していたりすることが多いため，安心して話すことができるような雰囲気を作ることが大切です。

　挨拶や基本的な約束事項を確認した後は，書類に記入してもらったことから話題にしていくとよいでしょう。「記入していただきありがとうございました。少し確認させてくださいね」などと伝え，たとえば，これまで相談に行ったことがあるかどうか，以前に行ったことがあれば，今回はどのような内容で相談に来たか，今回がはじめてであれば，どのような経緯で相談に来ることになったかなどを聞きます。その中で，相談したい内容を聞いていきます。

(2) アセスメント

　基本的な傾聴の技法を用いながら，同時に面接の構造化のバランスを考えながら，面接を進めていきます。面接の始めのときは，クローズ質問を使って子どもの成長について1つ1つ生育歴を聞いていくような進め方はせず，「今日はどのようなことで相談に来られたのでしょうか」というように，オープン質問を使って親に話したいことを話してもらうことを心がけます。子どもの発達や行動のことで，親が気になっていること，困っていることなど，親の考えや気持ちなどを聞きながら，子どもと親のアセスメントを進めていきます。子どもの発達に焦点を当てた面接の進め方の詳細については「第2章2（P.39）」を，子どもの行動に焦点を当てた面接の進め方の詳細については「第2章3（P.58）」を参照してください。
面接中は，相談者に許可を得たうえで必要に応じてメモを取りながら聞いていくとよいでしょう(POINT)。しかし，メモを取ることに集中するのではなく，あくまで親の話を忘れないでおくために，また情報を整理するためにメモを取るようにしましょう。相談者が気になる位置でメモを取ったり，メモを取るためにずっと下を向きながら話を聴いたりするのは適切でありません。

　親から語られる内容を聞きながら，常に，子どもに関して何をアセスメントすればいいのかということを考えておきます。たとえば，「ことばが遅れている」という説明を親が話しているのを聞きながら，子どもは，何かを要求するときにはどのように表現しているのだろうか，親のことばかけをどのくらい理解しているだろうか，個別検査が必要だろうか，などアセスメントの視点をもち，タイミングを見て質問していきます。

　子どものできないことや問題行動に関して「すごくつらいんです」「いやになります」「どうしたらいいのか……」というような親自身の否定的な気持ちに共感しながらも，一方で肯定的な内容も聞き取っていき

> **POINT**
> 　メモを取ることに関して，「必要に応じてとはどういうときですか」という質問がよくある。
> 　面接者や相談者によって異なるが，筆者の場合，具体的には，連絡先，学校名や担任名，友人名などの固有名詞，検査の数値などカルテに転記すべき重要な情報に限っている。

第2章　親面接の進め方

ます。たとえば，子どもについては「お子さんが1ヶ月前と比べて，こんなことができるようになったということがありますか？」「お子さんとお母さんが一緒に○○すると，どれくらいできますか？」「お子さんはどんなことをして遊ぶのが好きですか？」と子どもの現在のできることや好みをアセスメントします。また，「お母さんの気持ちが少しでもほっとする時間はありますか？」「お母さんは，お子さんが○○するときはいつもどんなふうに気をつけて接しているのですか？」というように，親が日常でしている工夫などについても情報を集めていくことが大切です。

　さらに，「お父さんはお休みのときには，お子さんとどのように接していますか？」「今日相談に来られること，お母さんが悩まれていることをご家族にはお話ししていますか？」「お子さんは，お兄ちゃんと遊ぶことはありますか？」というように家族のことを聞き，家族間の関係性もアセスメントします。「ご家族以外の方でご相談できる人はいますか？」「子どもを預けて自分の時間をもてるときにはどんなふうに過ごしていますか？」など親と周囲の人との関係性もできるだけ確認するとよいでしょう。このように，面接の始めの段階では幅広い情報収集を行い，支援につながるリソース（資源）を見つけていくことがとても大切です。親にとって支援となる資源は，子どもを預かってくれたり親の手助けをしてくれたりするなど実際的な支援になるものや，話を聴いてくれたり励ましてくれたりするなど心理的な支援になるものがあります。

　ただし，家族のことについては，積極的に話したくない親もいますので，面接者の質問に対する親の反応を見ながら進めていくことが必要です。親が抱いている抵抗感を推察して，「お答えになりたくないことでしたら，またのときに聞かせてくださいね」と話題を切り替える場合もあります。面接でのアセスメント内容や進め方の詳細については，子どもの様子として語られる主訴や親の特徴によって，その重点の置き方は異なります。第2章「4．家庭背景・親の特徴に配慮したアセスメントと支援」（P.75）および第3章「親面接の実際」（P.104）で具体的な事例を紹介していますので，参考にしてください。

(3) 得られた情報の整理と見立て

　これまでに聞き取った内容をまとめ，親に伝えます。そうすることで，面接者は，親から聞いた情報を整理することができますし，親も自分が話した内容が面接者に伝わっているかどうかを確認することができます。たとえば，「1歳を過ぎたころから，ことばがなかなか増えないと心配されてきたのですね。お話を伺って，お母さんなりにいろいろ調べてお子さんへの接し方を工夫されてきたことがわかりました。今日は主にお子さんのことばの発達についてどのように家庭で取り組んでいくとよいかというご相談でよろしいでしょうか」というように，親が語った内容を要約して伝えるとよいでしょう。その際，相談者の話を聴いてメモしたものを見せながら確認することもできます。

　また，整理した情報から考えられる面接者の見立てを親に伝えることもあります。たとえば，子どもが発達障害ではないか心配して来られた親に対しては，客観的なアセスメントの結果（たとえば，子どもの個別検査の結果）をフィードバックします。結果の意味を正確に，丁寧に説明することが重要です。親によっては，面接や個別検査によるアセスメント結果がイコール障害があるととらえてしまうことがあるため，特に慎重に説明をしなければなりません。結果によっては，医学的診断に関する正確な情報提供を行いながら医療機関を紹介しますが，当然のことながら，医療機関ではない相談機関においては，また医師ではない支援者が，たとえば「発達障害が疑われます」「発達障害の傾向があるかもしれません」というような言い方は避けなければなりません(POINT)。あくまでも，「お母さんのお話を伺った限りでは，お子さんは耳から入る長いことばの指示を理解することが難しいのかもしれませんね」というような言い方で，子どもの特徴として伝えることを心がけます。最近，発達障害に関してテレビ，インターネット，書籍などで見聞きすることが増え，親の方から，「うちの子は発達障害でしょうか？」というように相談されることも少なくあ

POINT
わが国では現行法規上，診断が可能なのは医師のみである。親に限らず相談者は，相談機関で言われたことを診断として受けとめやすいので，ことばの使い方には細心の注意を払う必要がある。

りません。しかしその場合であっても，具体的にどのような点から発達障害だと思うのか，心配な点は具体的にどのようなところかについて，親自身の考えや思いをよく聴くことを心がけ，面接者からの見立ての伝え方は，発達障害かどうかではなく，子どもの特徴として伝えることを基本とします。

アセスメントの結果から，発達障害の可能性は低いと思われる場合も同様に，「障害ではないと思います」というような言い方は避け，アセスメントから把握できた結果について，子どもの特徴と結びつけながら丁寧に説明することが重要です。

(4) フィードバックやアドバイス

面接の中でアセスメントを行った結果に応じて，今後，具体的にどのようにしていけばよいのか，フィードバックやアドバイスを行います。フィードバックやアドバイスには，肯定的な側面と，提案的な側面があります。

肯定的なフィードバックやアドバイスは，親の子どもに対する理解の仕方や，かかわり方に関して，認めたり，ほめたり，励ましたりして，面接者から肯定的なメッセージを伝えることです（表2-3を参照）。

一方，提案的なフィードバックやアドバイスは，親の子どもに対する理解の仕方やかかわり方に関して，別の新たな方法を伝えることです（表2-3を参照）。現在の親の考え方やかかわり方に関して，「そのようなかかわり方はよくありませんよ」「今の対応は間違っています」というように直接的な言い方で指摘するのではなく，「これまでとは別の方法にしてみましょう」「新しい方法を試してみましょう」というようなメッセージで親に伝えることがポイントです。

ただし，中には，親の考え方やかかわり方に対して，面接者が「不適切である，直すべき」という思いをもつことがあるかもしれません。しかし，そういった否定的なメッセージが親に伝わると（直接的なセリフではないにしても），親は，責められた，否定された，と感じ，面接者に対して拒否的な感情を抱きやすくなります。その結果，面接者からの提案やアドバイスを受け入れることが難しくなってしまうことがあります。子どもに手をあげるなど，かかわり方が不適切であるということを直接的に伝えて直

表2-3 フィードバックやアドバイスの例

```
●肯定的なフィードバックやアドバイスの例
 1．認める・ほめる
  「これまでよく頑張ってこられましたね」
  「お子さんのことを，本当によく見られていますね。お子さんの○○の特徴に気
  づかれているのはすごいですよ。その通りだと思います」
  「○○を心がけていらっしゃるのですね。とてもよいことだと思いますよ」
  「子どものことばが増えてきているのは，お母さんの日々の声かけの効果だと思
  いますよ」

 2．励ます
  「○○をこれからも続けていってくださいね」
  「○○の工夫はとてもよいと思いますから，続けてみてください」

●提案的なフィードバックやアドバイスの例
 1．親の考え方やかかわり方とは別の新たな考え方やかかわり方の提案や指示
  「○○されている部分は，△△のように工夫される方が，お子さんにとってはわ
  かりやすいかもしれませんね」
  「△△の工夫が，お子さんにはわかりやすいようですので，声をかける際に意識
  してみてください」

 2．親のかかわり方を控えてもらう・やめてもらう提案や指示
  「○○されている部分は，減らしてもらえるとよいのですが，いかがでしょうか」
  「○○することは，□□の理由／リスクから，控えていただいた方がいいと思い
  ます」
```

してもらう必要がある事例もあります。そのような場合，手をあげることはよくないことを伝えたうえで，それに替わる適切な方法を一緒に考えていくことが基本です。親が精神的に余裕がない場合には，どのような要因が親自身をおいつめているのかを聞き取りながら"今できること"を探していきます。

　フィードバックやアドバイスの伝え方には，正解はありません。肯定的な内容と提案的な内容を組みあわせることもでき，伝え方にはバリエーションがあります。別の相談機関や福祉サービスを紹介したり，医療機関の受診を勧めたり，子どもの発達検査を実施することを提案したりすることもアドバイスの1つと言えます。

面接の中で，相談者の話を十分に聴くことができれば，フィードバックやアドバイスの内容はより具体的になります。反対に，面接者が，相談者の話を十分に聴くことができていない，アセスメントに必要な情報を十分に得られていない場合には，抽象的なアドバイスになってしまうことがあります。アセスメントの中で，親自身がよく頑張っていること，できていること，これからも続けていけそうなこと，などの親自身の肯定的側面や強みに関する情報を集めていくことができると，より肯定的で具体的なフィードバックやアドバイスができるでしょう。

(5)　フィードバックやアドバイスに関する親の疑問・質問，意見の聴取
　フィードバックやアドバイスとして親に伝えた内容に関して，「説明でわかりにくかったことはありませんか？」「何か気になったことや，お聞きになりたいことはありますか？」など，面接者からの話でわかりにくいことがないか，疑問や質問したいことはないか，また，アドバイスした内容の実行可能性を確認します。フィードバックやアドバイスをしている際に，親から自発的に質問される場合もあるでしょう。また，親の考えや気持ちなどが語られることもあります。
　たとえば，提案的なアドバイスとして「○○を工夫してみるとよいですよ」と伝えた際に，「わかりますけど，○○することは難しいです」と否定されたり，別の相談機関や医療機関を紹介した際に，「やっぱり医療機関に行かなければならないのでしょうか」と心理的に抵抗がある気持ちが語られたりすることもあります。そのような親の考えや気持ちを再度アセスメントしていき，フィードバックやアドバイスの内容を変更して伝えていきます。つまり，面接を開始してからは，(2)，(3)，(4)，(5)というプロセスを何度も繰り返して進めていきます。

(6)　面接のまとめと終了
　終了前には，親が話した内容や面接者から伝えた内容を要約し，親に伝えます。たとえば，「今日はお越しいただきありがとうございました。お子さんのことばが増えないことが心配だということでしたけど，お子さんには○○は難しいのかもしれませんね。なので，今工夫されていることを

まずは続けていかれるのがよいと思います」というように，親の主訴，見立て，フィードバックやアドバイスを要約して伝えます。

　次に，今回の相談で終了なのか，今後継続的な相談を続けていくのか，その場合には次回はいつ相談に来るとよいのかなど，親が今後の見通しをもてることが大切です。一回の相談で十分ということはあまりありませんが，相談機関の制約によっては，一回で終了せざるをえない場合があります。その場合には，今後，別の相談機関に相談に行くよう勧めることが必要な場合もあります。しかし，可能な限り，アドバイスを受けた親がその後子どもにどのようにかかわっているのか，子どもはどうなったかということを見届けるためにも，継続的に，定期的に経過を追うことが大切であり，最低でも二回は面接を行うことが適切です。アドバイスの後の親や子どもの変化は，新たなアセスメントの情報になります。

　親が，今後子どもにどうかかわっていけばよいかという見通しをもてることは特に大切です。継続的な相談であれば，次回の約束として日程を決めます。緊急性が高くない場合には，「少し様子を見てみてください」「また何かあったときにご相談ください」というように伝える場合もあるかもしれません。しかし，これでは，親にとって様子を見るということが具体的に何をいつまでどのように見ればよいのかがわかりにくいと考えられます。今後また相談してよいと言われても，どんなときに相談に行けばいいのかわからなかったり，親の方からまた相談を申し込むことを躊躇したりする方がいます。「3ヶ月後に一度連絡をいただけますか」「○月まで○○を工夫してみてください。それでも難しいようでしたら，また来ていただけますか」など，今後の見通しを具体的に伝える方がよいでしょう。

　親が面接者に相談することによって，面接に来たときよりも帰るときに，少しでも元気づけられてまたこれから頑張っていこうという気持ちになれるような面接を心がけたいものです。

2．発達のアセスメント

　子どもへの支援を考えていくためには，子どもの発達や特性に関する情

報を幅広く正確に集める必要があります。子どもの発達に関するアセスメントを進めていくことで，子どもが今どんなことにつまずいていて，どんな力を今後伸ばしていけばよいのか，また，周囲の人はどのようにかかわるのがよいのか，を考えることができます。

　子どもの発達に関するアセスメントについては，その内容と方法について，面接者が熟知しておくことが必要です。アセスメントの内容は，(1)子どもの発達全般，(2)行動特性および障害特性，(3)子どもの好みや興味，嫌いなことや苦手なことに関して聞き取ることが中心になります。また，アセスメント方法に関しては，(1)親からの聞き取りや質問紙などの記入，(2)行動観察，(3)個別検査（発達検査・知能検査）の実施の方法があります。最初から形式的に子どもへ個別検査を実施するよりも，まずは，親との面接の中で，子どもの育ちについて全体的な様子を把握しながら，同時に，さらに詳細なアセスメントを行う必要があるかどうか，どのような方法でどのような種類のアセスメントを行うかを検討する必要があります。たとえば，親の話から，子どもの発達の遅れや偏りが考えられた場合や，親からの聞き取りだけでは十分に子どもの状態をアセスメントできない場合に，子どもの行動観察を行ったり，子どもへの個別検査の実施を親に提案したりすることがあります。

　表2-4に，幼児の発達に関するアセスメントの内容と方法に関して，代表的な検査などを一部示します。それぞれの各検査の内容や検査の実施方法に関しては，それぞれの検査に関する書籍などを参考にしてください。

1）アセスメント内容

(1) 子どもの発達全般

　これまでの生育歴や現在の様子を質問しながら，子どもの発達に関する情報を集めていきます。支援者は，たとえば，一般的に3歳代の子どもであれば「自分の姓名が言える」「丸を描くことができる」「ごっこあそびをする」など，各年齢段階での発達に関する知識をもっていることが求められます。一般的な発達過程を基準として，認知面（子どもの見る力や聞く力など），運動面（身体を大きく動かす力や手指を細かく動かす力など），

表2-4 幼児の発達に関するアセスメントの内容と方法（主な検査など）

方法／内容	発達および知的能力	行動特性および障害特性	好み
親からの聞き取りや，親が質問紙に記入するもの	・聞き取り ・KIDS乳幼児発達スケール ・Vineland-Ⅱ適応行動尺度[1]	・聞き取り ・PARS-TR[2] ・ADI-R日本語版[3] ・日本語版M-CHAT[4] ・SRS-2対人応答性尺度[5] ・ADHD-RS[6] ・CBCL[7] ・SDQ[8] ・SP感覚プロファイル[9] ・MAS[10]	・聞き取り
行動観察	・さまざまな場面での，子どもの様子（具体的な行動）の観察	・さまざまな場面での，子どもの様子（具体的な行動）の観察	・子どもの遊んでいる様子（遊びの内容や遊び方）の観察
個別検査	・新版K式発達検査 ・田中ビネー知能検査 ・ウェクスラー式知能検査（WPPSI-Ⅲ[11]，WISC-Ⅳ[12]） ・遠城寺式乳幼児分析的発達検査法 ・PVT-R絵画語い発達検査[13]	・日本版PEP-3[14] ・ADOS-2日本語版[15]	・子どもにいくつかの遊びを提供し，子どもがよく選ぶもの，選ばないものを把握する（よく選ぶものは好み）

1　Vineland Adaptive Behavior Scales Second Edition
2　Parent-interview ASD Rating Scale-Text Revision：親面接式自閉スペクトラム症評定尺度　テキスト改訂版
3　Autism Diagnostic Interview-Revised：自閉症スペクトラムの診断評価のための面接ツール
4　Modified Checklist for Autism in Toddlers
5　Social Responsiveness Scale Second Edition
6　ADHD Rating Scale：ADHD評価スケール
7　Child Behavior Checklist：CBCL子どもの行動チェックリスト
8　Strengths and Difficulties Questionnaire：子どもの強さと困難さアンケート
9　Sensory Profile
10　Motivation Assessment Scale：動機づけ評価尺度
11　Wechsler Preschool and Primary Scale of Intelligence-Third Edition
12　Wechsler Intelligence Scale for Children-Fourth Edition
13　Picture Vocabulary Test-Revised
14　Psychoeducational Profile-3rd edition：自閉症・発達障害児教育診断検査三訂版
15　Autism Diagnostic Observation Schedule Second Edition：自閉症スペクトラム評価のための半構造化観察検査

言語面（ことばの理解力や表現力など），社会性の面（自我の育ちや他者とのかかわりなど）について，子どもの力をアセスメントする必要があります。また，認知，運動，言語，社会性だけでなく，睡眠，食事，着替え，排泄など，身辺自立に関する情報を得ることも必要です。既存の発達に関する検査やチェックリストなどを参考にするとよいでしょう。

　子どもの発達を把握することは，現在できていること，できていないことを整理する作業です。子どもへの支援の目標や方法を考える際には，それらを正確に把握しておくことが必要です。たとえば，子どもの発達のアセスメントから，同年齢に比べて1歳程度，ことばの理解力の遅れがあると把握できれば，その子どものことばの理解力にあわせて，親がかかわり方を工夫すること（たとえば，子どもにわかりやすい伝え方や，やさしいことばがけをするなど）ができるでしょう。

　反対に，子どもの発達を正確に把握できないままでいると，その子どもに適した支援の目標を立てることができません。たとえば，その子どもにとって難しすぎることに気がつかず，かかわる親が「なんでわからないの！」「なんでできないの！」と叱りやすくなってしまうことは少なくありません。そのようなかかわりが続いてしまうと，子どもは「わからない」「できない」という経験を積むことが多くなりますし，親も苛立つことや落ち込むことが多くなってしまうかもしれません。

(2) 行動特性および障害特性

　行動特性と障害特性のアセスメントは，すでに障害の診断がある場合，障害があると強く疑われる場合，障害の可能性は低く一過性のものや環境要因が背景にあると思われる場合によって，その方法はやや異なります。

　すでに医療機関にて障害の診断を受けている子どもの場合には，親との面接の中で，障害に関連する子どもの特性を聞き取りやすいかもしれません(POINT)。ですが，同じ障害といっても一人ひとりの特性の様相やその程度は異なりますので，子どもの特性を丁寧に確認していくことが必要です。

　障害の診断を受けていない子どもで，たとえば「こだわりが強い」など親から聞き取った子どもの行動特性がASDの特性として当てはまる可能性が非常に高いと思われる場合には，できるだけ客観的なツール（PARS-

TRなど)を使用して,子どもの行動特性に関する情報を幅広く集めていく必要があります。ただし,面接者が「子どもに障害がある」と結論づけようとしたり,「障害があるのかないのか」を結論づけようとしたりするためにツールを使用することはあってはなりません。実際,PARS-TRなどのツールを使用した場合,その得点結果のみによって障害と診断されるわけではありません。ツールを使用した聞き取りは,あくまでもその子どもを理解し支援方法を考えるために特性を把握するアセスメント方法です。

> **POINT**
> 医療機関からの紹介状があり,診断名が記載されている場合でも,親はそれを認識しているとは限らない。「医療機関では,何か診断について言われていますか」など,確認してから面接を進めるとよい。

　子どもに障害がある場合や障害が強く疑われる場合には,子どもは,その障害特性ゆえに,日常生活上でさまざまな困難さを抱えていることがあります。たとえば,他の子どもたちと遊びにくい子どもの中には,性格的におとなしいということではなく,触られることへの過敏さがある子どもがいます。そのようなケースでは,他の子どもとの接触を避ける結果,一人遊びが多くなっているのかもしれません。また,他の子どもとよくぶつかってしまう子どもの中には,乱暴であったり,わざとぶつかったりしているのではなく,不注意さがあったり,衝動性が高い子どもがいます。周囲の様子を見ずに視界に入った物に衝動的に反応してしまう結果,他の人や物にぶつかってしまっている可能性もあるのです。

　子どもの行動の背景に障害特性が関連していることがあるため,行動特性と障害特性を把握することは重要です。支援者には,行動特性と障害特性に関する基本的な知識はもちろん,行動特性と障害特性の関連の程度を評価する技能を十分に身につけておくことが求められます。

　一方で,子どもの行動特性が,障害特性というよりはむしろ一時的なものであったり,環境要因がより強く影響していることがあります。たとえば,「園では落ち着いているのに,家庭では乱暴である」など,場面やかかわる人によって子どもの行動が変化することは少なくありません。また,きょうだいが産まれたり,両親が離婚したりするなど生活環境の変化によ

って，子どもの行動が変わることは多くあります。子どもの行動特性だけを単に聞き取るのではなく，その行動特性がいつから，どのような場面や環境で見られるのかといった情報を丁寧に集めていくことが必要です。

　行動特性と障害特性のアセスメントには，知識はもちろん，多くの臨床経験が求められます。経験豊富な専門職からスーパーバイズを受けながら，子どものアセスメントの経験を積んでいく必要があるでしょう。

(3) 子どもの好みや興味，嫌いなことや苦手なこと

　子どもが日常生活の中で，どんなことをして遊んでいるのか，どんなことを避けるのか，などの情報から，子どもの好みや興味，嫌いなことや苦手なことを把握することができます。幼い子どもは，好きなことや興味のあることには積極的に取り組むことが多いですが，嫌いなことや苦手なことにはなかなか取り組もうとはしません。

　子どもの支援を行ううえで，好きなことや興味のあることが活用できます。たとえば，なかなか遊んでいた玩具を片付けられない子どもに，「早く片付けなさい！」「いつまで遊んでいるの！」と叱るのではなく，「片付けができたら，○○（好きなアニメ）のテレビを見ようね」と動機づけを高める働きかけができます。子どもは，片付けたことでテレビを見られるという経験により，徐々に片付けることを身につけていくでしょう。他にも，たとえば文字の学習を始める際には，一般的な五十音表の順に沿って教えていくのではなく，好きなアニメのキャラクターで使われる文字を教える方が，子どもにとっては文字の学習に意欲的に取り組むことができるでしょう。

　子どもの好きなことや興味のあることを把握しておくことは，親子が日常生活をより楽しく豊かに送るためにも役立ちます。

　また，子どもの苦手なことや嫌いなことの背景に，感覚の過敏さや鈍感さといった問題が関連していることがあります。感覚刺激への反応傾向（過敏さや鈍感さ）を把握することにより，その子に対する環境面での配慮が可能となります。感覚刺激への反応傾向のアセスメントツールとしては，SP感覚プロファイル（Sensory Profile）があります。

2）アセスメント方法

(1) 親からの聞き取りや質問紙などの記入

　子どもの発達（生育歴含む）に関する情報については，親から具体的に聞き取っていく必要があります。たとえば，「初語は普通ですか？」「発達に何か問題はありませんでしたか？」というような抽象的な質問の仕方ではなく，「はじめてのことばが出たのは何ヶ月のときですか？」「歩き始めたのは何ヶ月ごろですか？」というようなクローズ質問をして聞き取る方が，正確な情報が得られます。このように質問するためには，当然，面接者は定型発達について十分に理解しておく必要があります。子どもの発達に関して中心にアセスメントする場合には，たとえば「お子さんの成長の様子についてお聞きしてもよろしいでしょうか」と前置きしたうえで聞いていくとよいでしょう。正確に覚えていない親もいるため，母子手帳を見せてもらい，その内容について確認していきながら聞き取っていくのもよいでしょう。母子手帳の代わりに，簡単な問診票を用意し，面接の前に，出産時の子どもの身長体重，首のすわり，ハイハイ，歩き始めの時期，はじめてことばが出た時期や二語文を話し始めた時期などを親に書いてもらっておくという方法もあります。母子手帳や簡単な問診票を確認しながら聞いていくことで，面接の中で子どもの生育歴を聞き漏らさずに済みます。

　子どもの生育歴を聞く際には傾聴を重視します。支援者から生育歴を聞かれることに対して「生育歴に何か問題があったらどうしよう」というような不安をもつ親は少なくありません。また，話しにくいことや話したくないことがあり，「大丈夫です」「何も問題なかったです」と具体的に話すことを拒む親もいます。そのような親に対しては，生育歴を産まれたころから順に聞き取っていくのではなく，現在困っていることや心配していることに関することを話題にしながら，適宜生育歴に関する情報も聞き取っていく方がよいでしょう。たとえば，ことばがなかなか増えないということを心配している親に対しては，普段の親子のコミュニケーションの様子を話題の中心にしながら，その会話の流れで「いつごろからことばが増えないなって感じるようになりましたか？」「その他にお子さんのことで，何か気になることや心配したことはありましたか？」というように親の思

いを聞いたり，「お子さんのはじめてのことばが出たのはいつごろでしたか？」と聞いたりすると，自然な流れで生育歴の情報も聞き取っていくことができます。

　生育歴を聴いている中で，子どもの成長に関して大きな遅れはなかったものの親としては子育てをしてきた中で心配してきたことや，健診で子どもの発達の遅れに関する指摘を受けてショックだった，というようなことが親から話されることがあります。傾聴し，親の気持ちを受けとめながら，「そうでしたか。心配されてこられたのですね。そのときは，今回のようにだれかに相談はされましたか？」というように，これまでの相談歴や，相談したことがある場合にはその経過や，子どもへの接し方で心がけてきたことや工夫したことなどを，親の様子を見ながら，丁寧に聞き取っていきましょう。そのときにつらい経験をしている場合には，そのときのことを話したくないという親もいますので，生育歴に関する情報収集を焦らず，親が面接者に対して安心して話せるようになる関係づくりを心がけましょう。

　また，現在の子どもの発達に関する情報を得るために，質問紙式の発達検査を使用する場合があります。質問紙式の検査の多くは，ある指標・項目が「できる」「できない」というようにチェックするため，どの程度できるか，どのような援助があるとできるか，といった情報については得られません。また，あくまでも親が主観で「できる」「できない」と判断した結果であることを理解しておく必要があります。そのため，親から得られた情報を支援に活かすためには，質問紙式検査の結果だけを参考にするのではなく，必ず親への聞き取りも組みあわせながら，子どもの発達の状態，親のとらえ方，親のかかわり方，生活環境，生活習慣なども詳細に聞き取っていくとよいでしょう。質問紙式の発達検査などを使用する場合には，それぞれの検査内容・方法，結果の解釈の仕方に面接者が精通しておく必要があります。

　子どもの行動特性や障害特性に関する情報の聞き取り方も同様です。日ごろ困っていることや心配なことに関することを話題にしながら，的確に聞き取っていきます。「こだわりはありますか？」「動き回ったりする行動が見られますか？」などと1つ1つ親に聞いていくのではなく，親が話す

日ごろのエピソードや，子どもの特徴に関する話の流れにあわせて質問していきながら情報を集めることを心がけましょう。たとえば，「言われたことをすぐ忘れます」というような話が親から出た場合には，「言われたことをすぐ忘れてしまいやすいのですね。どのようなことを忘れてしまうのですか？」とその話題について深めていきながら，「ものをなくしたりすることはありますか？」など障害特性に関する情報を聞き取っていくとよいでしょう。

　子どもの好みについても，できるだけ会話の流れにあわせて聞き取っていくとよいのですが，心配なことや困っていることを相談に来ている親からは，子どもの好みに関する話が出ることはあまりありません。会話の流れが不自然にならないように気をつけながらも，面接者から「お子さんは，お家でどんなことをして遊ぶことが多いですか？」「お子さんの好きなことはなんですか？」というように積極的に情報を集めていくことが必要です。あわせて，「お母さんも一緒にDVDを見るのですか？」「ブロックは一人で遊ぶのですか？」など，子どもと親とのかかわりの様子についても聞き取っていくとよいでしょう。

(2) 行動観察

　母子同室での面接では，親からの聞き取りに加えて，子どもの様子を面接者が直接観察することができます。面接者が子どもと直接かかわりながら観察することも可能ですが，親子で遊んでもらう場面を設定することで，子どもの様子だけでなく，親の子どもに対するかかわり方や，親子のコミュニケーションの様子について情報を得ることができるでしょう。また，母子並行面接でもマジックミラーやモニターを通して子どもの様子を観察することができます。さらに，家庭訪問や，子どもが通う保育園などに訪問することができれば，日常的な生活場面での子どもの様子を観察することもできるでしょう。しかしいずれの場合であっても，面接者が観察できる場面や時間は限定的であり，得られる情報は限られたものになります。行動観察によるアセスメントを行う場合には，場面や，時間帯，観察する内容をあらかじめ明確に決めておきましょう。

　観察項目をリストアップした用紙（表2-5）を用意し，観察しながら項

表2-5　遊びの中で観察する項目

□母子分離の様子	□遊びの中でのコミュニケーション
□遊びの始発	・アイコンタクト
・探索するか	・共同注視
・勧めた時の反応	・要求
□誘いかけ	・表情
・子どもから	・質問の応答
・大人から	・会話
・遊びに割り込んだ時の反応	－好きなこと
□行った遊びの種類	－友だち
□１つ１つの遊びの長さ	－家族
□遊びの発達	－園・学校
・感覚遊び	□遊びの終了
・ふり遊び・見立て遊び	・片付けができるか
・ルール理解	・終了時間を気にするか
・順番や役割の理解	・終了時間を守れるか
・勝敗の理解	

目に沿って記録していくと効率的です。

　子どもを直接観察して得た情報と，親から聞き取った子どもの様子の情報が一致する場合には，より信頼性の高い情報が得られたことになります。一方，情報にズレが大きい場合には，どちらの情報が正確なのかということよりもなぜ様子がズレているのかを検討することがとても大切になります。「今日のお子さんは，いつもと同じような様子ですか？」「いつもとお子さんの様子が違うというようなことがありますか？」と親に質問することで，子どもに対する環境の影響について推測することができます。ズレが少なく子どもの様子がいつもと変わらない場合には，親が子どもの特徴をどのように認識しているのかを検討します。また，親と面接者の子どもに対する認識の仕方に差がある場合があります。いずれにしても最終的には，親から聞き取った情報や直接観察から得られた情報を統合していきます。

　子どもの様子について直接的に観察すること以外に，子どもが作ったもの（製作物）や，描いた絵，書いた文字などを見ることによって，子どもの発達に関する情報も得ることができます。特に，年長児（次年度小学校

に入学する幼児）に関しては，学習の基礎スキルとしてこれらの情報を得ることはとても重要です。

(3) 個別検査

親からの聞き取りや，子どもの行動観察を行った結果，子どもに対して個別の発達検査・知能検査を実施する場合があります。面接者には，さまざまな発達検査・知能検査の目的，検査内容や方法，結果の解釈の仕方，結果の取り扱い方に関する高い専門性が求められます。親の相談の主訴や子どもの状態に応じて，最も妥当な検査を選択します。必要に応じて複数の検査を実施することも検討しておきます。

各検査に関する詳細は，各検査の実施マニュアルなどに記載されていますので，そちらを参照してください。

子どもに対して検査を実施する場合には，まず，検査目的と検査内容について丁寧に説明し同意を得ることが必要です。検査を行うことでどんなことがわかるのか，どのように役立つのかなど，検査の目的や有用性を親の相談の主訴と関連づけて説明します。たとえば，3歳の子どもに発達検査を実施する場合には，たとえば以下のように親に説明するとよいでしょう。

●3歳の子どもに発達検査を実施する場合の親への説明の仕方（例）

「お子さんが，言われたことをわかっていないように感じることがあるとのことでしたが，お子さんが身近なもののことばをどのくらい知っているかどうかや，どのくらい長い文章を聞いて理解できるか，ことばを理解する力などを見る検査をしてみてはどうでしょうか。お子さんの力を把握できると，お子さんへの声のかけ方を工夫できると思いますよ」

多くの検査は，検査内容の漏えいを防ぐために，検査の道具や問題用紙などを親に見せたり教えたりすることはできません。ただし，どんな検査なのかがわかるように，検査に要する時間，どのような検査なのかの大まかな内容，検査方法などについて丁寧に説明することは必要でしょう。説

明時には，専門用語をできるだけ使用せず，親が検査の目的や方法について理解できるように伝えなければなりません。

　幼い子どもであっても，できるだけその子どもの年齢や理解力にあわせた伝え方で，説明することが大切です。たとえば，3歳以下であれば，「次に来たときに，私とお部屋で一緒に遊ぼうね」と伝えたり，4歳児以上であれば，「〇月〇日に，私と〇〇のお部屋で，クイズをするよ。（時計を見せて）長い針がぐるっと一周するまでするよ」というように，だれと，どこで，どのくらい，何をするか，お母さんはどこにいるか，などを説明し，子どもの不安を取り除くことが大切です。不安を取り除くことで子どもは検査に取り組みやすくなります。検査の課題を絵カードにして視覚的に示すことで，見通しをもたせることが必要となる子どももいます。

　検査結果の取り扱いや守秘義務，親に対する検査結果の報告（口頭で説明を行うのか，報告書・所見を渡すのかなど）の仕方についても説明をしておく必要があります。

　以上の内容を説明したうえで，子どもと親の同意を得ます。子どもが低年齢の場合には，親のみの同意を得ます。検査の実施に同意したくないという親に対しては，「何かご心配されることがありますか？」というように親の考えや思いをよく聴いたうえで，「今回は実施しないでおきましょう」というように親の考えや思いを尊重します。

3）アセスメント結果のフィードバック方法

　アセスメント結果のフィードバックとは，たとえば子どもの個別検査などの結果を本人や親に説明することを意味します。以下，子どもの個別検査結果のフィードバックに関して例を示します。

(1) 子どもの個別検査結果のフィードバックの目的と方法

　通常，子どもが幼児の場合には親にのみ説明することがほとんどです。フィードバックの目的は，検査結果が表す子どもの特徴や検査者が理解した子どもの特徴を親に一方的に伝えることではありません。親と結果を共有することを通して親自身に子どもの理解を深めてもらい，子どもへのか

かわり方を見直したり新たに考えたりするきっかけを作ることが大切です。検査結果のフィードバックが親のために，そして子どものためにならなければ意味がありません。面接者はこの点を十分に理解しておく必要があります。結果を伝える際には，断定的な言い方は避け，特に幼児期の場合では，周囲の子どもへのかかわり方や環境によって，子どもの行動が変化し発達していく可能性についても伝えます。検査結果の内容によっては，親がショックを受けたり，結果を受け入れられない気持ちになったりすることがあります。検査結果のフィードバックの目的を常に意識しておかないと，面接者は，検査結果を受けとめられない親に対して「理解させよう」と説明を何度も行って説得するようになってしまったり，親の考えを否定してしまったりすることがあるため注意しましょう。

　検査結果に関して伝える内容の選択や伝え方に関しては，検査結果を伝える面接の前にあらかじめ考えておくことが大切です。検査の結果を伝える面接の日時を決める際には（1ヶ月以内に結果を返すことが適切です），面接の時間を十分に取っておきましょう。次の相談者との時間が詰まっている場合には，検査の結果を，時間をかけて丁寧に伝えることが難しくなってしまうことがあるためです。また，子どもの発達や検査の専門家ではない親に理解してもらうことも難しいため，一回の面接の限られた時間の中で検査の結果をすべて伝えるのではなく，何回かに分けて伝えたり，一度伝えた後にも継続する面接の中で，折に触れて繰り返し伝えたりすることが必要な場合もあります。

　伝える際に大切なことは，検査結果に関する専門用語はできるだけ日常の用語に置き換えて説明すること，親の相談内容（主訴）と関連づけて説明することです。また，「わかりにくいところがあればいつでも遠慮なく聞いてくださいね」といつでも質問してよいことを伝えておきましょう。検査者から親に検査結果を一方的に伝えて終わることにならないように，面接者が説明している最中にも親の様子をよく見ながら「わかりにくくないですか？」と質問がないかを確認したり，「ここまでお聞きになっていかがですか？」と親の考えを話してもらったりしながら，親と一緒に子どもの理解を深め，支援方法を一緒に考える姿勢で面接を進めていきましょう。

> ●主訴と関連づけ，日常用語を使用した検査結果の説明の仕方（例）
> 　「お家の中で指示をしてもできないことが多いとのことでしたが（主訴と関連づける），<u>検査の結果から，お子さんは，年齢からするとわかっていることばの数が少ないようでした。</u>（専門用語を避ける：「言語理解力が低い」「語彙の獲得数が少ない」など）」

(2)　子どもの個別検査結果のフィードバックの進め方の枠組み

　検査結果のフィードバックは，①～⑦の流れで進めていきます。以下，それらのポイントについて示します。

①面接の開始

　検査後の面接には，多くの親が緊張し，「何を言われるのだろう」「子どもの発達に何か問題があったらどうしよう」というような不安な気持ちを抱えてきます。そのような親の緊張や不安に配慮し，穏やかでゆっくりとした話し方を心がけ，面接者が説明している際の親の様子をよく観察しながら進めていきます。

　まずは，検査の日の子どもの様子は普段と変わらなかったか，検査が終わって帰ってからは子どもと何か話したか（検査の感想など），などを聞くとよいでしょう。検査の日から面接の日までの間のエピソードなどを，普段の面接と同じように聞くのもよいでしょう。そのような話をすることで，親の緊張が少し和らぎ，親に検査結果を聞く構えができることがあります。また，それらの内容を確認することは，検査の結果を解釈するうえでも重要な情報になります。検査結果は，あくまで検査日の子どもの状態であり，幼い子どもであれば，体調面，緊張などの心理面の状態が，結果に影響を与えやすいことがあるためです。

> ●面接開始時のことばがけ（例）
> 　「この前は，○○くんは検査が終わって少し疲れたみたいでしたけど，帰ってから何か気になったことなどはありませんでしたか？」

> 「2週間ぶりですね。この2週間はいかがでしたか？」（普段の面接と同じように始める）

②検査結果の所見を渡す

　検査結果の伝え方や情報の扱い方は，各機関によって異なりますが，一般的には，検査結果の所見（検査結果や支援方法などをまとめた報告書などの書類）を手渡し，口頭で説明を行う場合が多いようです。親に所見を見てもらいながら説明をした方が，親にとってはわかりやすいでしょう。ただし，所見を渡すと，親にとって気になる点にのみ目が向いてしまい，面接者の説明を聞くことに集中しにくくなる場合もあります。たとえば，所見を渡してから説明をしていく際には，以下のように始めるとよいでしょう。また，口頭で一通り説明をした後に，最後に所見を渡す方法もあります。

> ●所見を渡す際の説明の仕方（例）
> 　「こちらが検査結果の所見です（と言って渡す）。所見には，（所見を指で指しながら）お子さんの相談の内容，検査のときの様子，結果，そして結果から考えられるお子さんの特徴をまとめています。最後に検査結果をヒントにしたお子さんへのかかわり方のポイントを挙げています。1つずつ順に説明していきますね」

③検査時の行動観察から子どもの様子を伝える

　まずは，検査中のエピソードを伝えます。比較的よく取り組めた課題（たとえば，集中できた，意欲的だった，好んでいたなど）とそうでない課題（たとえば，集中できなかった，答えようとしなかったなど）を一緒に伝えるとよいでしょう。検査時の様子が普段の子どもの様子と同じか異なるかについて，親の考えも聞きましょう。「ことばで答える課題よりも，物を使って手先を動かす課題の方が，よく集中できました。手先を使うことをよくお家でされたりしますか？」「検査中，私の指示にとてもよく従うことができました。お家ではどうですか？」などと聞くとよいでしょう。

④検査の結果から考えられる子どもの特徴を伝える

　まず検査全体の結果を伝えます。検査全体の結果は，たとえば，知能指数や発達年齢など数値や年齢として出されますが，単に数値を伝えるのではなく，その数値の意味をより具体的に説明する必要があります。「年齢相応です」「年齢からするとやや低い結果です」「〇年程度の遅れが見られます」など年齢と比較して伝えると親は結果の意味を理解しやすいようです。ただし結果によっては，親がショックを受けることもあります。伝えた際の親の様子をよく観察し，その後の説明を続けるペースを親にあわせます。

　次に下位検査（検査の1つ1つの課題）の結果から示された子どもの特徴を伝えます。すべてを事細かに説明する必要はありません。基本的には，下位検査名や検査の質問内容などは伝えず，関連性のある下位検査のまとまり（たとえば，新版K式発達検査の「領域」）から示される子どもの特徴を伝えます。検査時の様子の伝え方と同様に，子どもの強みと苦手なところを一緒に伝えることがポイントです。子どもの苦手なところばかりを伝えると，親は不安な気持ちになり子どもとかかわる気持ちをもてなくなってしまいますので注意が必要です。子どもの苦手さを伝える際には，苦手さがあることにより生じるリスクや，そのリスクを避けるために気をつけるポイント，かかわり方の工夫の仕方を，必ず具体的な例を含めて伝えることが大切です（かかわり方に関しては，後述する⑥のところでも改めて伝え，詳しく話し合うとよいでしょう）。子どもに対するかかわり方を工夫することによって本人の成長を促す可能性があること，苦手さがあることで生じやすいリスクを避けられることを伝えます。肯定的な見通しをもてるようになると，親は，子どもとのかかわり方を工夫しようという気持ちになっていきます。

●下位検査のまとまりから示される特徴の伝え方（例）
「お子さんは，聞いて理解することよりも，見て理解することの方が強いと考えられました。お子さんに何か指示するときには，ことばに加えて具体物も見せながら伝える方がわかりやすいようです」

> **コラム** 標準化された検査の結果のフィードバックの留意点
>
> 　知能検査や発達検査など，標準化された検査の中には，親に検査結果のプロフィールの原本（検査で使用した記入済みの記録用紙）を見せることやそのコピーを渡すことが原則として認められていない検査があります。また，検査結果を親に伝える際に，具体的な下位検査の内容を１つ１つ説明したり検査道具を見せたりすることも，検査項目の露出となるため注意が必要とされています。親に検査結果を理解してもらうことはとても重要なことですが，検査結果の伝え方・伝える内容には一定の制限があることを面接者は十分に理解しておかなければなりません。
>
> 　各検査の詳細に関しては，各検査のマニュアルや書籍などを参照してください。また，各機関によってフィードバックの規則や書式などが定められていると思いますので，それに沿ってフィードバックを行うことが原則となります。

⑤検査結果に関する親の理解を確認する

　面接中には，適宜，親の考えや気持ちを聴きながら結果を伝えていきますが，一通り伝え終わった後には，「結果は以上になりますがいかがですか？」「わかりにくい点や気になった点はありませんか？」と聞くなどして，親がどのように検査の結果を理解したか，受けとめたかを確認します。「確かにうちの子にはよく見られます」「やっぱりそうかなと思っていました」「あまりそのように考えたことはありませんでしたが，言われてみれば確かに当てはまります」など，程度の差はともかくも概ね納得したという親に対しては，「お母さんが普段からお子さんのことをよく見ている証拠ですね」と伝えるなどして，親の理解を検査結果によって後押しします。

　検査の結果に対して「思ってもみなかった」「まさか……」「そんなことはない」というように検査結果と親の理解がかけ離れていた場合には，すぐに結果を理解したり，受けとめようとしたりすることは困難でしょう。心理的な防衛反応が出る場合もあります。そのような場合には特に，親の

考えや気持ちを否定せずに傾聴することを心がけます。親に結果を理解させよう，受けとめさせようとして，説明を繰り返したり，説得しようとしたりすることはしてはなりません。

⑥これまでの相談経過と検査結果を踏まえて子どもへのかかわり方を一緒に考える

検査結果をこれまでの面接で話し合ってきた内容と関連づけて，今後のかかわり方を一緒に考えていきます。

かかわり方をアドバイスする場合には，基本的には，これまでの面接での話し合いの仕方と同じようなポイントで伝えていきます（第2章1．5）（4）（P.36）もあわせてお読みください）。親がすでに行っている工夫であれば，検査の結果を裏付けにしてその工夫を承認し，続けていくよう励まします。かかわり方をさらに工夫した方がいい場合には，「もう少し○○するように工夫するとよいと思いますよ」「○○するとさらによくなるかもしれませんね」というように，工夫のポイントを具体的に伝えます。

提案するかかわり方の工夫は，親が時間的にも，技術的にも，実行可能かどうか話し合うことが大切です。たとえば，「今お話させていただいた工夫なのですが，お家で時間は取れそうですか」「○○することはできそうですか」などのように聞き，やり方がわからないという場合には，面接者がかかわり方のモデルを見せたり，面接者と親でロールプレイをして練習したりするなどして親に具体的な工夫の仕方を覚えてもらうのもよいでしょう。親が面接後にいつでも思い出せるように，検査結果の所見には，必ずかかわり方の具体的な例や，ポイント，気をつける点なども書いておきましょう。

検査の結果から，面接者が医療機関や療育機関につなげることが必要であると判断して紹介する場合には，慎重に提案する必要があります。特に，検査を実施する前の面接において，医療機関や療育機関に関する話題や，福祉サービスの利用などに関する話題が出ていない場合には，日を改めて話し合う方が適切であるため，今後の面接を継続する中で，勧めるタイミングを考えていくようにしましょう。その場で親から「医療機関を受診した方がいいでしょうか？」「どこかに通った方がいいでしょうか？」

などの申し出がある場合であっても，まずはこれからも面接を継続していき，その中で受診するかどうかも含めて考えていくことを提案します。強く申し出がある場合には，「お母さんは，今日のお話を聞いてどう思われましたか？」と親の考えを聞いたり，「一度ご相談に行かれるのもよいかもしれません」というように1つの選択肢として伝えたりしながら，あくまでも親自身が決断できるようにします。面接者から「受診した方がいいと思います」「療育機関で相談してみてください」というような断定的な伝え方はしないようにしましょう。一方，事前の面接においてすでに医療機関に受診する方向性を話し合っている場合，検査の実施がその一過程であれば，勧めてもよいでしょう。ただし，いずれの場合であっても，親の考えや気持ちを考慮せず，また検査の結果の受けとめが難しい状況の中で，検査の結果が出たからという理由ですぐに勧めることは避けなければなりません。

　また，検査の結果は，家族や子どもが通っている保育園や幼稚園の先生にも理解してもらうことが重要となります。第三者に伝えるかどうか，伝える際には伝える内容と伝え方，所見の取り扱い，検査情報を共有する範囲（だれに伝えるか）などを親と十分に話し合ってから決めましょう。それらは，検査結果を伝えた後よりも，事前に話し合っておける方がよいかもしれません。

　子どもが幼児の場合には，周囲のかかわり方による発達の変化の可能性が大きいため，一回の検査から発達状態を確定することは難しいものです。定期的に（半年から一年に一回程度）検査を実施し，そのときそのときの子どもの発達にあわせた支援方法を考えることが大切です。このような発達の変化について，必要に応じて親と共有しておくとよいでしょう。

⑦面接を終了する

　終了前に，再度，検査結果に関して質問がないか，また新たに気になった点が出てきていないか，を確認します。検査の結果や親によりますが，親が検査の結果を受けとめるのには時間がかかります。検査の結果によって心理的に不安定になることも少なくありません。検査の実施は，親面接のプロセスの1つと位置づけ，その後も継続的に面接を続けていくことが

大切です。次回の面接日を決めてからその回の面接を終了することも必要です。

　検査結果のフィードバックに関しては，1つの正しい方法があるわけではありません。伝える内容の選択や伝え方などは親と子どもにあわせて柔軟に行う必要があり，そのため，結果のフィードバックは面接者の裁量によるところが大きいものです。上述した方法も一例ですので，親によってはこの方法通りに進められないこともあるかもしれません。上述の進め方も1つの参考例として，親にあわせたさまざまなフィードバックの方法を身につけておくことが望まれます。

3．行動のアセスメント

　子どもが示す行動が，問題化してしまっている場合，問題となっている行動（問題行動）を改善するための支援が必要となります。問題行動のアセスメントでは，問題行動そのものに焦点が当てられることが一般的です。しかし，子どもの問題行動の多くは，適応行動が身についていないために起きていたり，また周囲の環境の影響により起きていたりすることが少なくありません。ですから，子どもの発達や特性，適応行動（適応能力），また日常生活の環境や状況について幅広くアセスメントすることが，支援を考えるうえで非常に重要となります。

1）適応行動のアセスメント

　適応行動とは，日常生活を送るうえで必要となるさまざまなスキルのことです。食事，排泄，着替え，入浴，移動，健康管理などの身辺自立だけでなく，ことばを理解したり，他者とコミュニケーションを取ったりすることがどのくらいできるかなども幅広く含みます。アセスメントでは，親からの聞き取りや，チェックリスト・評価尺度の使用，子どもの行動観察など適宜組みあわせて情報を集めるとよいでしょう(POINT)。ただし，現実

にはアセスメントの時間が限られていることも少なくないため、まずは支援を行ううえで重要度の高い情報や得られやすい情報から収集することが大切です。たとえば、他の子どもと遊んでいるときに、他の子どもにかみつくというような行動が起き

> **POINT**
> 適応行動のアセスメントとしては、親の面接を通して評価する「Vineland-Ⅱ適応行動尺度」がある。

ている場合には、本児の好きな遊び、道具を操作するスキル、言語や社会的行動に関する情報は必要不可欠となりますし、たとえば、食事の場面で食べ物を手でいじったり、立ち歩いたりする場合には、食べ物の好き嫌い、スプーンやフォークなどを操作するスキル、どのくらいの時間着席していることが可能かなどの情報が必要となるでしょう。保育園などの集団生活の中で大人が指示した通りに行動できないというような場合では、大人に注意を向ける力やことばの理解力、周囲にあわせて行動するスキル、今している行動から別の行動へ切り替えるスキルはどうかなどの情報が必要です。適応行動のアセスメントは、問題行動の改善に向けて支援するためだけでなく、適応行動の支援目標を決めていく際の指針としても役立てることができます。

子どもの適応行動は発達と関連がありますので、第2章「2.発達のアセスメント」(P.39～P.58)もあわせて参照してください。

2）日常生活の環境のアセスメント

子どもの適応行動や問題行動は、生活環境の影響を受けて変化することがあります。生活環境とは、周囲の人の子どもへのかかわり方や、物理的・時間的な環境を意味します。ですから、子どもが、いつ、だれと、どこで、何をしているか、という日常生活の様子を把握することで、子どもの行動に影響を与えている環境をアセスメントすることが大切になります。アセスメントにより、たとえば、日々の食事や睡眠、平日や土日の活動のスケジュールなどが安定していない場合には、生活のスケジュールを整えて習慣化していくことが大切になるでしょう。また、たとえば、休日に問

題行動が起きやすい，○時ごろに問題行動が起きやすい，反対に○時ごろは穏やかに過ごしていることが多いなど，子どもの行動のパターンが見られる場所，時間帯，活動内容などの環境を把握することができると，その環境を変化させることで子どもの行動を変化させることができます。

これらのアセスメントは，図2-1，図2-2 のような用紙を使用すると効率よく情報を集められ，整理することができます。

生活スケジュール（1週間）

時間・曜日	月	火	水	木	金	土	日
6：00							
9：00							
12：00							
15：00							

図2-1　1週間の生活スケジュールを記入する用紙の例

生活スケジュール（平日・休日）　　【　月　日（　）】

時間	活動内容	場所	一緒に活動した人

図2-2　1日の生活スケジュールを記入する用紙の例

3）問題行動のアセスメント

(1) 問題行動の全体的なアセスメント

　相談の場では，親が，子どもの問題行動を複数挙げることはめずらしくありません。限られた面接時間の中で，それらすべてについて詳細に聞き取ることが難しい場合は，子どもの問題行動の全体像を把握しながら，面接の中で優先して取り上げる必要がある問題行動を特定していきます。そのために，親の聞き取りの中で，子どもが示す問題行動の影響の大きさ，親が困っている程度などから支援の緊急性を評価します。同時に，親が子どもの問題行動に対する対応を変えやすいかどうか，かつそのことによって子どもの問題行動が改善しやすいかどうか，支援の実行可能性および効果の期待度を評価します。以上を総合的に見て，支援や対応を優先する問題行動を判断します。

　また，親からの聞き取りに加えて，子どもが示す問題行動に関する全体像をアセスメントするための質問紙を活用することもできます。CBCL 子どもの行動チェックリスト（Child Behavior Checklist）は，「ひきこもり」「身体的訴え」「不安・抑うつ」「社会性の問題」「思考の問題」「注意の問題」「攻撃的行動」「非行的行動」の下位項目があり，子どもが示す問題行動の全体像を把握するのに有用です。そして，それらの下位項目の得点から詳細なアセスメントの方向性を決めることができます。たとえば，「攻撃的行動」の項目の得点が臨床域にあれば，攻撃的行動に関して，詳細に聞き取りアセスメントしていきます。子どもの強さと困難さアンケート（Strengths and Difficulties Questionnaire：SDQ）は，「情緒の問題」「行為の問題」「多動・不注意」「仲間関係の問題」「向社会的な行動」の下位項目があり，問題行動と適応行動の両面をアセスメントできます。

(2) 問題行動の詳細なアセスメント

　子どもへの具体的な支援を考えていくためには，問題行動の全体像をアセスメントしていく中で，まず支援の優先度が高い問題行動を取り上げ，その問題行動に関する詳細なアセスメントを行っていく必要があります。以下，「言うことを聞かない」と親が悩んでいる子どもの例を挙げて説明

していきます。

　たとえば「子どもが言うことを聞かないんです」と相談に来られた親に対して、すぐに「今の時期は、子どもの気持ちを大切にしてあげて、子どものしたいようにさせてあげましょう」とアドバイスしたり、「この時期にしつけることはとても大切ですから、厳しく接してください」とアドバイスしたりすることは、ほとんどの場合有効ではありません。支援者が親と一緒に効果的な支援方法を考えるためには、子どもがなぜそのような状態にあるのか、何が原因（理由）になっているのかを探り、その理由にあわせた支援方法を考えていくことが必要です。また、その支援方法は、親が理解でき、実際に実行できるような具体的な方法でなければなりません。

①問題となっている具体的な行動に注目する

> 〈聞き方・伝え方の例〉
> 「言うことを聞かないというのは具体的にはどういう様子なのですか」
> 「どんな様子なのかもう少し具体的に聞かせてください」

　面接者は、まず、相談の中で親が話す子どもの問題や様子が、どんな"行動"なのか把握していきます。行動とは、たとえば、見る、聞く、話す、食べる、歩く、走る、などだれが見ても同じように見ることができる具体的な行為や動作のことです。具体的な行動について把握することで、親と面接者が子どもの行動について共通理解することができます。また、その行動が問題なのかどうか検討することも可能となります。

　親が具体的に子どものどのような行動を「言うことを聞かない」と思っているのかを聞き取り、面接者と親が共通理解できるようにすることがまずは必要です。

　「子どもが言うことを聞かない」というのはどういう様子のことを言っているのか、たとえば、おもちゃを片付けるように言っても片付けないことを言っているのか、お風呂に入るように言ってもなかなか入ろうとしないことなのかによって、当然ながら支援方法は異なります。ここでは、お

もちゃを片付けるように言っても片付けないということが，親の言う「言うことを聞かない」という問題であることがわかったとします。さらに今度は「おもちゃを片付けない」ということを具体的にするために，「片付けないでどんな行動をしているのか」について詳細に聞き取っていきます。そのまま遊び続けているのか，「やだ」と言い返してくるのか，おもちゃを出しっぱなしにしてその場からいなくなってしまうのかによって，やはり支援の方法は異なるからです。

　その行動が問題かどうかは一般的にはいくつかの側面から個別のケースごとに判断します（表2-6）。親によっては，その年齢の子どもであればだれでもするような行動であっても，敏感に「問題である」ととらえてしまう場合があります。子どもの行動を「問題である」ととらえやすい親に対しては，その子どもの問題に対してどのように接すればよいかをアドバイスすることよりも，親の気持ちに寄り添いながら，親が子どもの行動を柔軟にとらえられるよう面接者が子どもの行動の理解の仕方を伝えていくことが大切です。たとえば，2歳の幼児であれば，自分の好きな遊びに夢中になっているときに親が片付けるように言っても，遊びをすぐにやめることはなかなかできないでしょう（もちろん個人差はあります）。「うちの子は，まだ自分で片付けもできないんです」と問題意識を強くもっている親に対して，面接者は，「早く家を出なくてはいけないときって，すぐに片付けて欲しいって思うこともありますよね。○○くんは，まだ2歳なので言われてすぐに片付けることは難しいかもしれませんが，もう少し年齢が上がってくると，少しずつできるようになっていきますよ」というように，親が子どもの行動を「問題」と思いすぎないように，発達段階に応じた子どもの行動のとらえ方を伝えていきます。

　具体的な行動に関する情報を集めるということは，客観的な事実を聞き取るということも含みます。たとえば，親が「言うことを聞かないことが多い」「全然言うことを聞かない」という場合，どのくらいの回数を「多い」「全然聞かない」と言っているのかがわかりません。面接者と親が共通理解するためには，「1日に1回ある」「1週間に2回ある」などのような客観的な情報を集める必要があります。「多い」と感じるかどうかは，その人の主観によるものであり，その人のおかれている状況や精神的な状

表2-6 問題となるかどうかを判断する視点

> 1．生活年齢：年齢相応かどうか
>   例　母に「抱っこして」と要求する　幼児にとっては年齢相応だが，年齢が高くなると問題とされる
>
> 2．発達段階：その子の発達段階から考えて適切かどうか（ただし生活年齢も考慮して考えることが必要になる）
>   例　5歳児であっても，知的障害のために発語が困難であれば，他児のモノを取ろうとする際に，「貸して」と言えず，手を出して取ってしまうというのは，当然のことである（だからと言って手を出すことがよいという意味ではない）
>
> 3．場面：その行動が起きている場面の中で見て適切かどうか
>   例　大声を出す　外で遊んでいるときには，問題ではないが，室内であれば問題となる場合もある
>
> 4．頻度：他の多くの子どもたちが行動する回数に比べて極端に多かったり少なかったりするか
>   例　トイレの回数が極端に多い，他児とのけんかが極端に多い，他児と話すことが極端に少ないなど
>
> 5．強度：極端に強かったり弱かったりするか
>   例　かんしゃくの程度が激しい，話す声が非常に小さいなど
>
> 6．持続時間：極端に長かったり短かったりするか
>   例　30分以上泣いているなど
>
> 7．社会参加：その行動により，その子や周囲の子の学習や社会的活動への参加がどのくらい妨げられるか
>   例　他の子どもを傷つける行動により，他の子どもから拒否されることが続くと，その子にとって他の子どもと一緒に遊ぶという学習の機会がなくなってしまうなど

　これらの視点は，どこからが適切でどこからが問題かを明確に決める基準ではないため，その子ども一人ひとりの社会的な適応とあわせて複数の人で話し合いながら判断していくことが望まれる。

態によって感じ方が変わります。たとえば、子どもの問題となる行動が起きた回数が、実際には先週と変わらないのに、「今週はほとんど起きませんでした」と親が話す場合があります。このように、客観的には回数が変わっていなくても、親の主観的にはよくなっている（回数が減っている）という場合には、親自身が精神的にも身体的にも余裕がある場合や、子どもの問題にうまく対応できている場合などが考えられます。反対に先週と回数が同じであっても「今週は多かったです」と話すこともあります。このようなときには、親自身が精神的にも身体的にも疲労していたり、子どもに対応できていなかったりする可能性があります。面接者は、親が話す内容を、"客観的な事実"なのか、それとも客観的な事実を親自身がどう感じているかという"主観的な事実"なのかに分けて把握していくことが大切です。最終的にはそれらの情報を総合して問題が起きている状況や、支援の方向性を検討していきます。

②問題となる行動や望ましい行動が起きる場面や状況を整理する

〈聞き方・伝え方の例〉
「片付けずに遊び続けてしまうときの状況について詳しく教えてください」
「そのようなときには、お母さんはいつもどうされていますか」
「ときどきでも片付けられるときはありますか」
「どんなときだと片付けやすいですか」

次に、「片付けないで遊び続ける」など、問題となる具体的な行動と、その行動に関係していると考えられる場面や状況、きっかけ、また行動が起きた際の周囲の対応や本人が得た結果などの情報を集めます。このときには、問題となる行動が起きないときや望ましい行動が起きるとき（たとえば、片付けることができたとき）の情報をあわせて得るようにします。私たちは、問題が起きるとき、なぜ問題が起きるのだろうということを考えることはあっても、なぜ問題が起きないのだろう、なぜ望ましい行動が起きるのだろうと考えることはほとんどないでしょう。望ましい行動はで

きて当たり前というような意識があるため，望ましい行動には普段あまり意識を向けないためです。

たとえば，片付けないときに，どうして片付けないのか，片付けないで遊び続けるのかを考えることはあっても，子どもが片付けたときに，どうして片付けたのか，を考えることはほとんどないでしょう。しかし問題解決につながる子どもへの接し方を考えるうえでは，望ましい行動ができる場面や状況，そのときの様子を把握しておくことが非常に役立ちます。

面接でこれらの情報を整理していくことは，何が原因で片付けることが困難なのか，問題となる行動が起きている理由を考えることに役立ちます。得た情報はできるだけ記録にして残すことが有用です。このような情報収集の方法は，専門的には「機能的アセスメント」と言われています。機能的アセスメントは，近年，問題となる行動を示す子どもや大人の支援に効果的であることが科学的に実証されています。機能的アセスメントについては，応用行動分析学に関する書籍の中で紹介されていて，機能的アセスメントに関する書籍も数多く出版されていますので，あわせて参照してください。

機能的アセスメントの枠組みに沿って問題となる行動が起きる状況に関する情報を集めて整理していく際には，得た情報の中から原因を1つに絞ろうとはせず，全体の情報をまとめていきながらいくつかの原因を考え，「○○かもしれない」というような仮説をいくつか立てていくことが大切です。

日常生活のエピソードを聞き取る際には，「昨日はどうでしたか」「今週はどうでしたか」とできるだけ最近に起こったエピソードから聞き取っていくようにします。ある1日の様子だけではなく，できるだけ1週間以上の様子を把握することが望まれます。また，1週間以上前のエピソードを聞き取る際には，詳細な部分が曖昧になっていたりすることが多く，客観的で正確な状況が把握しにくい場合もあります。このような場合，上述の日常生活のアセスメント（図2-1，図2-2）を基に聞き取りができると非常に効率的です。また，子どもの問題行動に焦点を当てた記録を取るための用紙（図2-3 や図2-4）を親に渡し，次回の面接までに，子どもの行動について記録（メモなど）してきてもらうようお願いするのもよいでしょう。

子ども:【　　　】　　観察・記録者:【　　　】
記録する行動:【片付けないで遊び続ける】 　　　　✓ :1回指示しても片付けないで遊び続けた 　　　　✓✓:2回以上指示しても片付けないで遊び続けた

時間・曜日	月	火	水	木	金	土	日
8:00							
8:30							
9:00	✓✓	✓✓	✓		✓		
9:30							
10:00							
10:30							
11:00							
11:30	✓	✓			✓✓		
12:00							
12:30							✓
13:00		✓					

　問題となる行動が起きた場合はその時間帯のマス目にチェックを入れ，起きなかった場合は空欄のままにする。チェックを入れることで，問題となる行動が起きやすい時間帯や，多い日や少ない日を把握することができる。さらに，支援を行う前と後の頻度を比較して，支援の効果を評価することも可能である。図2-3 では，時間を30分区切りで示しているが，時間の幅は適宜決める。また，日課ごとや場面ごとに示す方法もある。

図2-3　問題となる行動が起きる時間帯や頻度を記録する用紙の例

子ども:【　　　】　　観察・記録者:【　　　】			
日時	場面・状況・きっかけ	具体的な行動	周囲の対応・ 本人が得た結果

　問題となる行動が起きた場合の，場面や状況・きっかけ，また，行動が起きた後の周囲の対応や本人が得た結果を書き留める。1つの行には，1つのエピソードを簡潔に記入する。

図2-4　機能的アセスメントのための行動観察シートの例

これは図2-1，図2-2の日常生活スケジュールの記録と照らしあわせるとさらに有用です。可能であれば，親にビデオを撮ってきてもらうことで面接者はより客観的な子どもの様子を把握することもできます。親が日記などをつけていたりする場合には日記から情報を得ることもできます。家庭での記録を依頼する際には，親自身の生活の状況，たとえば，日常生活の中で書く時間がどのくらい取れるか，また書くことに対する負担感やストレス，家族の協力が得られるかなどを考慮します。まずは1週間から2週間くらいの短期間の記録を依頼し，あまり長期間の記録を依頼しないことがポイントです。どうしても長期間（たとえば1ヶ月）になる場合には，途中で連絡したり送ってもらったりするなどして，ねぎらい励ましたり，負担ではないかを確認することが必要です。記録する内容についても，文章でたくさん書くのではなく，チェックマークを付けたり比較的簡便な記録を依頼する方が負担感は少なくて済みます。

③得られた情報から行動の原因を探る

行動の理由はさまざま考えられますが，行動が起きた場面や状況，きっかけ，また行動が起きたときの周囲の対応や本人が得た結果を丁寧に分析していくと，いくつか特定の理由が見えてきます。行動分析学では，その理由を「機能」と言います（表2-7）。ここでは，「理由」と「機能」ということばを同じ意味として説明します。行動の機能は1つとは限らず，複数の機能が絡み合っている場合もあります。また，同じ行動であっても，行動が起きる場面や状況，きっかけ，または周囲の対応やその結果によって，行動の機能が異なっていることがわかってきます。それらの行動の機

表2-7 行動の機能として考えられる主なもの

- 物がほしい，活動がしたいなどのため　（「要求」の機能）
- その場から逃れたい，嫌なことや苦手なことをやりたくないなどのため　（「逃避・回避」の機能）
- 周りの人に見てもらいたい，かまってほしいなどのため　（「注目」の機能）
- 行動すること自体が楽しい，快いと感じるなどのため　（「感覚」の機能）

能を把握することで，機能に応じた支援策を考えるヒントが得られます。

　子どもがある行動をすることで欲しいものを得ることができたり，したい活動をすることができたり（「要求」の機能と言います），苦手なことや嫌なことを避けることができたり（「逃避・回避」の機能と言います），注目してもらえたり（「注目」の機能と言います）すると，行動が起きやすいかもしれません。それらの機能がないと思われる場合で，行動が継続している場合には，その行動をすること自体が楽しかったり気持ちのよいことであったりすることがあるようです（「感覚」の機能と言います）。たとえばその場でくるくる回り続ける行動は，その行動によって，何か要求が満たされる，注目してもらえる，苦手なことを回避できる，いずれでもない場合，その行動自体が，楽しかったり気持ちよかったりするために起こることが多いようです。

　ただし，行動の機能を考えるには，その行動が起きる前後の状況をあわせて分析する必要があります。たとえば，苦手な活動が提示された際，くるくる回る行動自体が楽しくなって続けている（「感覚」の機能）が，最終的には，苦手な活動をしなくて済んだ（「逃避・回避」の機能）ということにつながっていることが少なくありません。この場合には，くるくる回る行動は「感覚」の機能と「逃避・回避」の2つの機能によって起きている可能性があります。動機づけ評価尺度（Motivation Assessment Scale：MAS）という行動の機能を探るための質問紙も開発されています（Durand & Crimmins, 1988）。

　片付けないで遊び続けるという例に関しては，図2-4を利用して記録を集めた結果，表2-8，表2-9のように情報を整理することができました。

　これらの情報から，「テレビがついていると母のことばが子どもに届いていないのかもしれない」「片付けずに遊び続けることで，結局は片付けをしなくて済むことになっているかもしれない」と行動の理由を考えることができるでしょう。また，「『片付けたらおでかけだよ』と言うことで片付けられるかもしれない」というように支援の方向性の仮説も立てられるでしょう。

　その際には，面接者のみが仮説を立てて行動の理由を理解するのではなく，親が子どもの行動の理由を理解できることが大切です。面接者の仮説

表2-8　問題となる行動が起きやすいとき（望ましい行動が起きにくいとき）

場面・状況・きっかけ	具体的な行動	周囲の対応・本人が得た結果
・夕食の前の時間 ・テレビがついている ・おもちゃが絨毯の上に散らばっている ・母が「おもちゃ片付けて」と声をかける	片付けないで、遊び続ける	・母は何度か指示を繰り返すがあきらめて何も言わなくなる ・片付けをしなくて済む ・遊びを続けられる

表2-9　問題となる行動が起きにくいとき（望ましい行動が起きやすいとき）

場面・状況・きっかけ	具体的な行動	周囲の対応・本人が得た結果
・外に出かける前 ・おもちゃが絨毯の上に散らばっている ・母がテレビを消して、「おもちゃ片付けて」と声をかける	片付ける	・母が「えらいわね」とほめる ・準備をして、外に出かける

を親に伝えたり，親の考えも聞いたりしていきながら，行動の理由に関して話し合いましょう。当然ながら，「お子さんの行動は，○○が理由で起きています」と断定的に伝えたり，面接者から親に一方的に伝えたりすることは避けなければなりません。親が自身で子どもの行動の理由を理解することができるようになると，子どもへの接し方を振り返ったり，これからの接し方を自ら考えようとしたりすることが起こりやすくなります。

④原因に応じた支援方法の工夫を考える

〈聞き方・伝え方の例〉
　「これまで伺ったお話から，○○という工夫をしてみるとよさそうですね」
　「○○のように工夫するときは，片付けることができるみたいですから，その工夫を続けてみてください」

> 「片付けたときには,欠かさずほめてあげましょう」

　支援方法を考えていく際には,「問題となる行動を減らす」発想だけでなく,そのような行動を起こさなくて済むような工夫をしたり,適切な行動を教えていったりするなど,「予防する」「よい行動を増やす」という発想をもつことが大切です。支援方法を考えるうえで,片付けられない状況(つまり,片付けないで遊び続けてしまう状況)とあわせて,片付けられる状況について情報を得ておくことが必要ですが,親は,子どもが適切に行動する場合の状況や,親が行っている工夫を日常生活の中では意識化できていないことが多いため,面接の中で丁寧に聞き取り,親がよい工夫を意識できるようにすることが大切です。そうすれば,うまくいく状況を"意識的に"増やすことができるはずです。

　また,発達のつまずきについて把握しておくことにより,本人にあった指示の仕方や,援助の仕方,ほめ方を工夫することができます。たとえば,ことばを理解する力が弱い子どもであれば,指示をする際,できるだけ少ないことばで伝える,たとえば,「もうおでかけする時間だから,すぐおもちゃを片付けて。ママも準備するからそれまでにはやってね」などと長く言うのでなく「出かけます。片付けしようね」と指示する方がよいでしょう。一人で片付けるのが難しい子どもであれば,親がまず自分の準備をしてから,片付けの入れ物を子どもに見せながら「片付けしようね。○○行くよ」と指示し,子どもの片付けを少し手助けするとよいでしょう。

⑤実行できる支援方法にアレンジする

> 〈聞き方・伝え方の例〉
> 「○○の工夫を続けることはできそうですか」
> 「○○と◇◇でしたら,どちらの方がやりやすいですか」
> 「実際に練習してみましょうか」

　支援方法を提案する場合には,その支援方法が実際に実行できるかどうかを考えることも重要です。子どもに合った支援方法であっても,支援を

する親に合っていない場合もあります。たとえば，親がその支援方法を実行することについて，心理的に抵抗があったり，上手に実行することができなかったり（技術がなかったり），精神的に余裕がなかったりする場合もあります。その場合には，支援方法を実行できる内容にアレンジする（調整する）ことが必要です。

たとえば，親が支援方法について具体的にイメージできない場合には，面接者がモデルを見せたり，親とロールプレイをしたりして練習するのもよいでしょう。心理的に抵抗がある場合には，その他のやり方を探すことも必要です。たとえば，「子どもが片付けられたらシールを1つ貼る」という支援方法を考える際に，「シールを使ったり，物で釣るようなかかわりはしたくない」というように親の子育ての価値観に合わない場合があります。その場合には，親の考えを認めて，他の方法としてことばでほめる方法を具体的に考えるとよいでしょう。どうしても子どもの支援に必要な工夫であれば，親の考えを十分に聴き親の考えも認めたうえで，子どものためには必要である理由を丁寧に説明し，親に提案した支援方法を受け入れてもらうことを促す場合もあります。

きょうだいや同居している家族のかかわりによって，また，家事や生活のスケジュールによって，だれが，いつ，どこで，どのように子どもを支援するのか具体的に決めておくことも必要です。

⑥決定した支援方法と記録方法を書き出す

面接者は親に，⑤の中で話し合って最終的に決めた支援方法を次回までに実際に試してみるよう励まし，次回の面接でその結果について教えてほしいと伝えます。1回の面接でアドバイスをしただけで終了するのではなく，少なくとも2回以上継続し，実際に試した結果どうだったか面接者と親が一緒に振り返る機会をもつようにしましょう。

⑤で決めた支援方法については，面接者が紙やノートに書いて親に渡すとよいでしょう。親が支援方法を書いた紙を家庭で見ることで，支援方法を思い出すことができ，子どもに支援を行う際のきっかけになることが多くあります。また，子どもの支援に必要な教材・道具があれば，作り方を具体的に教えて親に作ってもらったり，時間を取って面接者と親が一緒に

作成したりするのもよいでしょう。

　また，支援の効果を評価するために，親が子どもに対して支援を行った結果を書き留めるための記録方法も決めておきます。記録は，親が支援を行うことができたかどうかという親自身の支援の記録（自己評価とも言えます）と，子どもの様子の記録を分けて書けるとよいでしょう。たとえば，親自身の支援の記録は，「決めた支援方法の通り支援を実行できたら○」「決めた支援方法の一部分だけ実行できたら△」「時間がなかったなど何かしらの理由により実行できなかったら−」など簡潔に記録できる方法を考えます。一方で子どもの様子に関しては，「子どもが自分から片付けられたら○」「親が手伝い一緒に片付けられたら△」「5分以上片付けられなかった，かんしゃくを起こしてしまったら−」など，子どもの様子に関しても簡潔に記録できる方法を考えます。

　さらに，毎日記録する，2日に1回記録するなど記録する頻度や，子どもの問題行動が起きたらすぐその場で記録する，夜子どもが寝てから記録するなど記録する時間帯，記録用紙をリビングのテーブルに置いておく，壁に貼っておくなど記録することを忘れない工夫や記録を書きやすくするための工夫なども決めておきます。

　記録用紙は，面接者と親が一緒に作成するとよいでしょう（図2-5）。記録用紙をその場で作成できなければ，日記帳などを利用するのもよいでしょう。また，アセスメント時に使用した用紙（図2-3 や図2-4）を使って子どもの問題行動の頻度を記録してもらうこともできます。

子ども：【　　】　　　観察・記録者：【　　】
支援の目標の行動：【　出かける前におもちゃを片付ける　】
◎：自分から片付けた　○：指示したら片付けた　△：母と一緒に片付けた　−：片付けなかった
母の振り返り
○：決めた支援方法通りにできた　△：まぁまぁできた　−：あまりできなかった

	月	火	水	木	金	土	日
子ども	−	△	○	△	◎		○
母親	−	△	○	○	○		○

図2-5　記録用紙の例

⑦支援方法を試して，うまくいったかどうかを評価する

〈聞き方・伝え方の例〉
「○○の工夫をやってみることはできましたか」
「お子さんの○○の行動は，その後いかがですか」
「工夫を試してみて難しいなと思ったことはありませんでしたか」
「記録用紙を見ると，"○"が少し増えてきましたね」

　まず親から，前回の面接から今回の面接までの期間の中で気づいたことや感想などを聞きます。その中で，支援方法が実際にうまく実行できたかどうか，子どもの行動が改善したかどうかを，一緒に振り返っていきます。⑥で作成した記録用紙に書かれた内容に基づいて聞き取っていくことがポイントです。

　子どもへの支援を実行できた場合には，「それはとてもよかったですね」「頑張りましたね」など，親が支援方法を実際に試したことを肯定的に認めるようにします。そのようなメッセージを伝えることで，親が支援を行う動機づけを高めることが大切です。支援の効果が表れてきているようであれば，支援を継続していくように伝えます。支援を試してみたけど子どもに変化がなかったということもあります。すぐに子どもの行動の改善につながらない場合であっても，支援を継続することが有効であると考えられる場合には，親が支援をし続けられるように励ますことが大切になります。

⑧必要に応じて新しい工夫を考える

〈聞き方・伝え方の例〉
「○○を続けることは難しいですか」
「できそうなことをまた新たに考えてみましょう」

　支援を試し続けても，なかなか子どもの行動に改善が見られない場合には，支援方法を考え直すことが必要になることがあります。そのような状

況では，親が支援しようとする気持ちが弱まってしまっていることも少なくありません。その場合には，再度子どもの行動の状況について丁寧に聞き取り，情報を集めていくことが必要です。子どもの行動に改善が見られない理由を探っていく中で，親が支援を実行できていなかったという場合もありますが，その場合には，実行できなかったことを責めないよう注意しながら，実行できなかった理由について丁寧に聴いていきます。「どんなところが難しかったですか」「○○をすることは難しいかもしれませんのでできそうなことをまた考えてみましょう」などと伝え，再度アセスメントを行い，新たな支援方法を考えていきます。

　問題行動の改善には時間がかかることが少なくありません。そのため，支援を実際に行った結果に関する情報をアセスメントとして活かし，次の支援につなげていくことが必要不可欠です。アセスメントを行い支援のアドバイスをしたところで面接を終了することは避けなければなりません。アセスメントと支援の循環を続けるためには親との面接を継続していくことが大切です。

4．家庭背景・親の特徴に配慮したアセスメントと支援

　面接の中で子どものアセスメントを行い，支援方法を考えていくためには，親から子どもの特徴を聞き取る際に，親にあわせた聞き取り方が大切になります。親の子育てのスキルや価値観，精神的余裕や受けている支援の有無，また，子どもの特性に関する理解度などをアセスメントする際にも，親自身の特徴にあわせて聞き取り方を工夫したり，また，具体的なアドバイスをする際には伝え方を工夫したりすることが大切です。

　以下に，相談を進めるうえで特に配慮が必要となる親の特徴を挙げ，その特徴に配慮したアセスメントと支援のポイントを示します。おおまかには，1）家族関係・家庭状況，2）親自身の特徴，の2点の情報を把握していくことが必要になります。それぞれに，いくつかの特徴を挙げていますが，実際には，それらの特徴は，1つ1つ別々ではなく，それぞれ関連し合っています。

1）家族関係・家庭状況

⑴ 他の家族（きょうだいなど）へのかかわりで精一杯である

　子どもが一人の場合と，きょうだいがいる場合では，家庭での生活の様相は大きく異なります。特に，きょうだいが幼い場合や，きょうだいが多い場合には，親は相談しているその子どもだけにかかわるというわけにはいきません。きょうだいにも障害がある場合や心理社会的な問題（不登校など）がある場合も同様です。また，自身の親の介護に時間が必要な親もいます。そのような生活の状況では，親の精神的・身体的な余裕や時間はあまりなく，子どものために支援の工夫を考えたり，取り組んだりすることが難しくなります。

　具体的なアドバイスは急がず，まずは，家族構成や家庭での生活の状況について把握していく必要があります。可能であれば面接開始前に，相談申込書のような様式に氏名や住所などの基本情報に加え，同居している家族を書いてもらっておくとよいでしょう POINT。記入された内容を基に聞き取りを行います。記入する様式がなく，面接の中で聞き取る場合には，比較的早い段階に，「まずこちらからいくつか教えていただきたいことがあるのですがよろしいですか？」と基本的な情報を聞き取る姿勢で，相談に来られた経緯，住んでいる地域，子どもの年齢などを聞き，その流れで「一緒に住んでいるご家族を教えていただけますか」などと質問するとよいでしょう。また，面接中に子どもの様子を聞いていく話の流れにあわせてタイミングよく質問します。たとえば，「休みの日は，お子さんはどんなふうに過ごされていますか？」と聞く流れで，「お母さんも土日はお休み

> **POINT**
> 　家族の情報を整理する場合，ジェノグラムなどを用いて図示するとともに，それぞれの成員の状況，関係性，考え方の相違などについて書き入れていくとよい。家庭内の子どもの困った行動などを主訴としている場合は，だれに対してどんな場面で生じ，その人や他の家族はどのように対応しているのか，どのようにとらえているのかなど，より具体的な情報を聞き取ることで，環境調整や対応の手がかりになる。

なのですか？」と親の様子についても聞き取っていくとよいでしょう。

　親の生活の状況を把握せずに，「子どもとかかわる時間を増やしてください」「絵本の読み聞かせをしてはどうですか」「朝の着替えを手伝うときには○○するとよいでしょう」などとアドバイスすると，親は面接者に対して「精一杯な状況をわかってくれない」という不信感や「そんなこと言われてもできない」など負担感を抱いてしまいやすくなります。そのようにはっきりと自分の考えや気持ちをことばにして伝えられる親であればよいのですが，面接者のアドバイスに対してその場では「わかりました」「やってみます」と応える親も少なくありません。アドバイスを受けたことを実行できないことで，「できない自分はダメな親だ」「私がちゃんとかかわっていないから子どもの発達が遅れている」と不全感や罪悪感を抱いてしまう親もいます。このような親に対しては，「きょうだいがいる中で，○○くんとゆっくりかかわる時間を取るのは難しいですよね」と親の考えや気持ちに共感を示し，「そんな中で，○○くんに対してこんな工夫をしているのはすごいですね」「よくやっていますね」と親が現在行っていること，親なりに頑張っていることをねぎらったり認めたりしながら，今の状態を維持することを励まします。そのうえで少し工夫ができそうなことを探したり，親と一緒に生活スケジュールを見直したりして，親が無理なく実行できる支援方法を探っていきましょう。

(2)　家族間で意見が対立したり，家族内で孤立したりしている
　家族同士が子どもに関する自分の考えや気持ちを伝え合える，お互いの意見を聴こうとし合えることは，子育てをしていくうえでとても大切なことです。家族間，たとえば母親と父親，母親と祖母の間で，子育てに関する意見が異なるのは当然のことですが，家族同士が対立してしまったり，家族のだれかが孤立してしまったりする状況は避けたいものです。
　相談では，まず，家族の中で，両親，祖父母，きょうだい，各々が，子どものどんなことに対してどのような考えをもっているのかを聞き取り，聞き取った内容を整理していくことから始めます。
　たとえば，相談者が母親である場合に，母親から，父親（夫）や祖父母（親自身にとっての親）から協力してもらえないという相談をしばしば受

けることがあります。そのような場合には，母親の話を共感的に聴きながら，「具体的にはお父さんにどんなことを協力してもらいたいですか？」と希望を聞いたり，「お母さんとしては，休みの日くらいはお父さんに子どもと接してほしいとお考えなのですね。お父さんはどう思っているのでしょうか？」というように家族の各々の考え方を聞いたりしていきます。ただ，その場合には，母親が話すことが，実際に父親が思っていることなのか，「父親はそう思っているはず」と母親が思っていることなのか，を注意して聞き取ることが必要です。実際に父親に話を聞くことができた場合に，母親が思っていた父親の考えと，父親自身が語る考えが異なることは少なくありません。しかしながら，母親に対して，「お父さんはそんなふうに思っていないのではないですか？」というように否定的な聞き方をしてしまうと，母親は自分の考えが否定されたととらえてしまうことがあります。その母親に父親の立場になって考えてもらうことが必要な場合も確かにありますが，相談の始めのうちは，母親から聞いた内容をそのまま事実としてとらえるのではなく，あくまでその母親が感じていることとして傾聴します。そして，「お父さんが実際のところどう思っているのか，私も聞いてみたいと思いますが，お母さんはどう思われますか？　お父さんも一度一緒に相談に来ていただくことはできそうですか？」と伝え，三者での面接を提案するのもよいでしょう。その場合には，どちらの意見が正しい正しくないと決めるということではなく，お互いが相手に対してどのような意見を伝えたいと思っているのかをまずは否定せずに聴いてもらうということを目的にします。三者での面接を設定できず，母親のみの相談を進めていく場合には，母親としての考えや気持ちをよく聴き，「だれもわかってくれない」というような孤立感をやわらげることが大切です。孤立感がやわらぎ，面接者に自分の気持ちを十分に受けとめてもらえると，母親は父親や他の家族の立場に立って考えたり，気持ちを推し量ったりする余裕が少しずつでてきます。また，「お父さんともう一度話してみられるといいですね」「お父さんにはこんなふうに伝えてみたらどうですか」というような面接者からの助言を受け入れやすくなります。

　家族同士で意見の対立がある状態で第三者が入った面接を希望される場合もあります。面接者は，あらかじめどのような考えや思いで第三者が入

った面接を希望されるのか、それぞれから丁寧に話を聞いておくことが必要です。また、どちらの言い分が正しいか間違っているかを決める面接ではないこと、子どもの支援を一緒に考え、共通理解を図ることが目的であることを明確に伝えておきます。両者同席の面接を行う際には、面接者は中立的な立場を保ちながら、子どもと家族の客観的な状況把握と、家族それぞれの考えや思いへの理解を示しながら、面接者が話を整理し、全員へフィードバックしていきます。そして、それぞれの方にこれからのことを考えてもらうように促します。このようなケースの場合には、それぞれの考えや思いをすりあわせることは簡単なことではありません。まずは意見が異なっていても、お互いに子どものことやお互いのことを考えようとしている、ということを共有できることが重要です。対立の程度が激しい場合や、一方が他方の前では意見を言えない場合など両者同席の面接が難しい場合には、それぞれ個別に面接を行うことが望ましいでしょう。

(3) 支えとなるリソースが不足している

　リソースとは、その人が利用できる資源や力のことで、たとえば、手助けをしてくれる人、福祉サービス、経済力などが挙げられます。親一人で子育てをしていて、親戚などの協力が得られない、地域に福祉サービスがない、利用条件などの理由からサービスが受けられない、経済的に厳しい生活をしている、などのリソースの不足は、子どもを育てる親にとって、非常に大きな課題となることがあります。

　リソースについてはプライバシー性が高い情報であるため、面接者から直接的な質問をして確認することが難しく、特に面接を開始して間もない時期には、リソースについて聞き取ろうとすることによって親に不信感や抵抗感を抱かせてしまうことがあります。家族構成については比較的聞きやすい内容ですので、リソースに関して聞き取る際には、まずは家族構成を聞いていくことに留めます。相談者が、面接者に対する信頼感や安心感がもてるようになるとさらに家族のことや生活の状況などいろいろと話してくれるようになってきます。流れを妨げないように会話の流れにあわせて質問していくとよいでしょう。

　たとえば、働いている仕事内容や時間などを聞いていくのであれば、

「お母さんは働いていますか？」と直接的に聞かなくても，幼稚園か保育園のどちらに通っているかを尋ねれば，親が就労しているかどうかを推測できます。たとえば，相談者が「〇〇保育園です」と答えた場合に，その話の流れで，「お母さんはお仕事されているのですね」と確認しながら，職業，勤務時間，休日などの情報を聞いていくと，子どもと接する時間や親自身の時間のもち方などを把握することができます。

　たとえば，母親一人で育てているという場合に，「休日や，お母さんの体調が悪かったりしたときには，どうされているのですか？」と聞くことで，子どもを預けられるリソース（たとえば，祖父母の家で見てもらう，ヘルパーなどのサービスを利用しているなど）を把握することができます。リソースがなく，必要性や緊急性が高い場合には，サービスの利用に関する相談窓口を紹介します。そのためには，面接者は紹介できる地域の福祉サービスの内容や仕組みを把握し，日常的に他の機関と連携をしておく必要があります。

　心理的なサポートのリソースを把握しておくことも重要です。「これまで悩んだり困ったりしたときにはどうされていたのですか？」「だれかご相談できる方はいますか？」のように聞いていくことで，相談者と周囲の人とのかかわりの状況が把握できます。心理的なサポートのリソースがなく，親が孤立していると思われる状況の場合には，相談者にとって無理のないペースで面接を継続していくことが大切です。相談に費用がかかる機関の場合には，そのことが負担になってしまうことがあるため，面接の継続について，面接者から提案したうえで，相談者の希望を聞き一緒に決めていく方がよいでしょう。

　以上のような観点から，現在のリソースを整理し，どのようなリソースが不足しているかを明確にすることで，今のリソースをより強めたり，新たなリソースを増やしたり広げたりすることを当面の支援の目標にすることが大切です。現状のリソースを整理する際には，紙に図示していくとわかりやすいと思います。

2）親自身の特徴

(1) 抑うつ

　ひどく落ち込んでいるようである，表情が暗い，声が小さくトーンが低い，面接者からの質問に対して反応が薄い，といった様子から，親が抑うつ状態であると思われる場合があります。

　子どものことで相談に来ていても，親自身の精神的な状態について話題が出たときにはその話を共感的に聴いていきます。「ご自身の体調のことでご相談されたことはありますか？」と，現在の体調と既往歴，医療機関や相談機関に現在または過去にかかっているかどうかをまずは確認します。医療機関にかかっている場合には，既往歴や医師から言われていること（診断，助言，服薬の有無など）も確認しておきましょう。しかし，子どものことで相談に来ている親の中には，自身の体調のことを直接的に聞かれることに抵抗感を抱く方もいます。そのような場合，子どもの話を聴いていく流れの中で，親のアセスメントも行っていくことがポイントです。たとえば，「お子さんは何時ごろ寝るのですか？」と質問し，親が22時ごろと答えた場合，「それからだとお母さんは何時ごろに寝ているのですか」「だいぶ遅いですね。なかなか休める時間が取れないんですね」というようにねぎらいのことばを添えながら，親の生活の状況や睡眠の状況を聞いていくとよいでしょう。他にも「お子さんとずっと一緒だとお母さんの時間がなかなかもてないのではないですか？」「お母さんがほっとする時間や休める時間はありますか？」など，親自身のストレスの状態やストレスの対処について聞いていくことも大切です。面接者からは気になる様子が見られる一方で親からは話が出てこない場合には，たとえば「とても疲れているように見えて心配なのですが，どうかされましたか？」と面接者が心配している点を具体的に質問してみることが，親が自身の体調に関して話すきっかけになることもあります。

　抑うつ状態である親に子どもへのかかわり方のアドバイスをすると，そのこと自体が負担になったりストレスになったりすることがあります。「○○しようと心がけているのですね」というように親がしようと思っている気持ちに共感を示したり，「あまり寝られていない中でも，朝早く起

コラム　生活状況・リソースの利用状況の整理

　面接の中で，家族の生活の状況，リソースの利用状況について聞き取っていくことが，現状を理解し今後の支援を考えるうえでとても重要な作業となります。またそれらの情報を整理することは，地域の中で支援機関が連携・役割分担をしながら支援にあたる場合にとても有用です。

　その際，聞き取った情報を図示していくと視覚的にも整理できるため，わかりやすいと思います。書き方の例はありませんので，面接者のわかりやすい方法でよいと思いますが，地図のような書き方で整理していく方法がわかりやすいと思います（下図）。あらかじめ様式を決めて親に書いてもらうという方法もありますが，書いたり整理したりすることが難しい親も少なくありませんので，面接の中で親の話を聞きながら面接者が書き出し，一緒に見ながら確認していく方が，親にとっては負担が少ないうえ，面接者が話をよく聴いてくれているという安心感にもつながり，信頼関係を築きやすい面もあると思います。

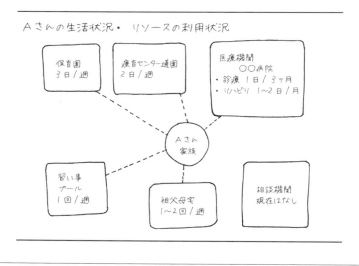

きて朝ご飯を作るのはなかなかできることではないと思いますよ」というように，現在できていることをねぎらったり認めたりすることを中心にします。

親の状態によっては「お母さん自身の体調のことも心配でしたら，一度お医者さんに相談してみるのも１つの方法だと思いますよ」と通院を考えてもらうことを促してみます。面接者はあらかじめ，精神的健康度，うつ，ストレスに関するアセスメントとして，たとえば，既存の尺度などの評価項目を十分に理解しておき，必要に応じて，会話の流れにあわせながらアセスメントを行えるようにしておきましょう。

(2) 不安が高い

細かなことについて１つ１つ質問をしてくる，また，「成長したら普通になるのか」「就職はできるのか」などと将来についての漠然とした質問を投げかけてくるなど，親の不安の高さがうかがわれることがあります。１つ１つ質問に答えているのに親の不安げな様子がなかなか変わらないと，面接者は適当な答えが返せていないのだろうか，相談がうまくいっていないのではないかと不安に感じてしまうこともあります。

親からの質問に対しては，具体的で明確な回答を心がけ，できるだけ曖昧な表現は避けるようにします。また，質問に対する答えだけではなく，その理由や今後の見通しも伝えることで，親に安心してもらえるように意識します。就学に関する相談のように，親が何かを決断しなければいけないときには，特に意識して，親が不安に思っていることや質問に対し，丁寧かつ具体的に情報を提供することを心がけましょう。

しかし一方で，親からの質問に１つ１つ答えることに終始してしまうと，子どもの発達の状態や家庭環境などケースの全体像が把握しにくくなります。また，「この先生に聞けば何かしら答えを出してくれる」というふうに，親の面接者への依存を強めてしまう場合もあります。面接者と親との関係性を良好に保つという視点だけではなく，「子育て」というより長期的な視点でみても，不安を感じたときに考えを整理する，対処方法を選択するなど，親自身が自分の不安をコントロールできることは大切なスキルであり，それが可能になるようサポートすることも支援者の役割といえます。

たとえば，1つ1つ答えを返すのではなく，「お母さんはどう思いますか？」と質問を返すことで親自身が考えることを促したり，すぐにその場で答えを出すのではなく，「それについてはまた次回の面接でお話ししましょう」と提案したりします。「答えを待つまでの時間」をつくることで，親なりに不安をコントロールできるようにしていきます。

　何がどう不安なのかがあまりにも漠然としていたり，原因がよく自覚できていなかったりする親に対しては，面接の流れの中で，「そういう不安を感じることはよくありますか？」「心配事が出てきたときには，普段はどうされていますか？」と，どんなときやどんなきっかけで不安になりやすいか，どのように対処しようとしているか，確認していき，不安の所在や対処方法を具体化していきます。「担任の先生に～と言われたことがきっかけで，不安になられたのですね」などとことばで返していくとよいでしょう。不安の所在や対処方法を具体化できると，親自らが不安に対して意識的に対処しやすくなります。

(3) 攻撃的・イライラしやすい

　不機嫌そうな表情や口調である，面接者が問いかけてもぶっきらぼうに答えるだけで話が続かない，何気ない一言に敏感に反応して苛立つなど，攻撃性や苛立ちがうかがえる親もいます。何か明確な原因があって怒りの気持ちをもっている場合もあれば，親自身の特性，たとえば，はじめての場所や人に対する緊張や不安の気持ちから不機嫌そうな表情や言動になってしまう人や，生活におけるゆとりがなくイライラしやすい人もいます。

　親が示す怒りを面接者がそのまま受けとめてしまうと，面接者は「自分で相談を申し込んできたはずなのにどうしてイライラしているのだろう？」と困惑したり，いわれのない怒りをぶつけられて腹立たしさを感じてしまったりすることがあります。相談を受ける立場として，相談における一時的なプロセスとして親からマイナスの感情，特に怒りをぶつけられる可能性があることは常に心づもりをしておきましょう。

　たとえば，子どもに障害があると知らされた直後の親の反応はさまざまですが，中にはそれを認めたくない，受け入れられないという気持ちややり場のない怒りが，面接者に対する攻撃的な言動というかたちで表される

こともあります。他にも，たとえば，子どものことで保育園・幼稚園から専門機関での相談を勧められた，乳幼児健診で保健師から発達相談を勧められたなどの場合には，勧められたことに対する不満の表現として，または，不安な気持ちを防衛する表現として，怒りを面接者に向ける親もいます。いずれにしても，面接者に対して向けられる怒りは，その多くが面接者個人を攻撃しようとしているものではなく，親が抱えている不満や不安などが背景にあると理解します。怒りの原因を直接的に聞くなどして探る必要はありませんが，どんな要因が親の怒りにつながっているだろうかという視点を頭に置きながら，焦らずゆったりと面接を進めていきます。当然ながら，面接者自身の怒りや苛立ちの気持ちも自覚し，冷静にコントロールする必要があります。

　一方で，面接者に対して「自分の話を聴いてくれない」「自身を受けとめてもらえていない」と感じる場合に，面接者に対する苛立ちを抱く親もいます。たとえば，園に対して不満を抱いている親が，自身の考えや気持ちを正当化しようとして面接者に同調を求めて，同調されなかった場合に

コラム 親のメンタルヘルスに関するアセスメント

　親の精神的健康度，抑うつ症状，不安，生活の質（クオリティーオブライフ）などに関するアセスメントは，面接の様子から行うこともできますが，必要に応じて，評価尺度（自己回答式の質問紙）を用いたアセスメントを追加することもできます。可能であれば複数の尺度を使用し，最終的には面接の状態とあわせて総合的に判断することが重要です。尺度の多くは，一般母集団を対象として標準化されており，平均値やカットオフ値などが示されているため，親の状態について客観的に把握することができます。ただし，子どものことで相談に来たという親の中には，自分自身のことを話すことや，自分自身の健康状態についてアセスメントされるということに抵抗をもつ方もいます。導入の際には，十分な説明が必要であり，健康状態を評価する重要性とその後の支援の方針について丁寧に話し合うことが重要です。結果によって，必要であれば，医療機関を紹介します。

そういったことが起こりやすい傾向があります。そのような場合には，親の話を傾聴し共感を示すことも大切ですが，あくまでも面接者として客観的な立場で接することを心がけ，親の話す内容や親の気持ちに安易に同調しすぎないことも大切です。

(4) 知的障害・発達障害の特性がある

表情がぼんやりとしている，言動がゆっくりである，一方的に話し続け内容がまとまらない，問いかけの意図が伝わりにくく会話がかみ合わない，連絡もなく遅刻や無断キャンセルを繰り返すなど，親自身に知的障害や発達障害の特性が疑われる場合もあります。

その場合，子どもの状態について親から話を聞いていく中で，こちらの問いかけや説明をどの程度理解できているか，親の理解度や特性についてのアセスメントが必要となります。

たとえば，「困っていることはありませんか？」とオープンな質問をすると答えに詰まってしまう様子がみられたり，親主導で話をしてもらうと話題が点々と飛んでしまったりする親がいます。その場合には，「お子さんは朝の準備を自分でしていますか？　お母さんが手伝うこともありますか？」と具体的に場面を限定して質問するようにしたり，「ではまず，身のまわりのことについてお話をお聞きしますね」と1つずつテーマを絞って話を聞いたりするといいでしょう。また，「着替えのとき，自分でやろうとしないことに困っておられるのですね」などと，親の発言に対してことばを補ったり要約して返したりしながら，面接者と親の意思疎通が十分にとれているかを意識的に確認するようにします。

また，抽象的・曖昧な表現を使うと面接者の意図が伝わらず，親なりの理解をしてしまうことがあります。面接者からのアドバイスに対して「わかりました，やってみます」と言う一方で，次回の面接で確認すると，面接者から伝えた内容と異なったやり方をしていたりする場合には注意が必要です。アドバイスや説明は，できるだけ具体的なことばで簡潔に伝えるようにします。口頭だけではなく，紙に書きながら話をしたり，面接の最後に「今日話をしたこと」の要点を改めて振り返ったりするとよいでしょう。親がどのように理解したかを話してもらい，面接者の意図が伝わって

いるか確認しておくことが大切です。また，面接者がノートなど紙に書き出しながら，視覚的に説明したり，要点をまとめてフィードバックしたりするなどの方法が有効な場合もあります。

　面接者と親との信頼関係が深まってくると，親が子どもの相談をしていく中で，「自分も○○障害かも」と心配になったり，特性があることに気づいたりすることがあります。その場合には，その気づきが，子どもを理解したり，子どもとかかわったりするうえで強みになるようにフィードバックするとよいでしょう。たとえば，「お母さんも，ことばで言われるよりも，見ながら説明してもらう方がわかりやすいですよね。お子さんも見ながら説明してもらう方が理解しやすいようですよ」「お母さんも，つい忘れてしまうことがあるのですね。お子さんもわざとではなくつい忘れてしまうのでしょうから，忘れたことをあまり責めずに，どうしたら忘れないか，どうしたら思い出せるかを，お母さん自身が工夫していることを参考にして考えてみてください」というように伝えます。

　親自身が，日常生活上で困り感を高くもっていて，病院を受診する意思がある場合には，医療機関を紹介したり，手帳取得によって福祉サービスを利用することを勧めたりする場合もあります。

(5) 自発的な発言が乏しい

　親からの発言が少ないと，面接者の質問に親が短く答えるだけという，一問一答のような面接になってしまうことがあります。抑うつ状態や，面接に対する動機づけが低い場合，また，対人緊張が高かったり，ことばで自分の思いや考えを表現することが苦手であったりする場合も多いようです。また，子どもの発達について心配はあるものの特に困っていることがあるわけではない，何について相談する場なのかがわからない，「困っていることは何ですか？」と漠然とした質問をされるとどのように伝えればいいのかがわからない，説明がうまくできないといったことも考えられます。背景を探りながらアセスメント方法や支援方法を考えていくことが重要です。

　オープン質問だと発言が出にくい場合は，より質問を狭めて答えやすくします。朝起きて登園の準備をするまでに困っていることはないかなど，

具体的に場面を絞ったり，時系列に沿って振り返ってもらったりします。また，面と向かってことばで伝えることは苦手だけれど，アンケート形式で家に持ち帰って書いてきてもらうと思いが伝えやすい親もいます。アンケートで書かれた内容を一緒に見ながら話をする，質問紙で得られた情報についてより詳しく質問していくという方法もあります。

　また，子どもとのかかわりやその他の家族関係などでストレスが高かったり，親自身がうつ状態であったりする場合には，今困っていることはあるけれど考える余裕がないということも考えられます。その場合は，できるだけ気楽に親からの発言が引き出せるような内容に話題を変えるようにします。たとえば，世間話のような雰囲気で「運動会はもう終わりましたか？」「夏休みはどこか行かれましたか？」などと，ちょっとした会話をはじめに挟んでから本題の相談に入ると，堅苦しい雰囲気が減り親も話がしやすくなることがあります。

(6) 相談の動機づけや困り感が低い

　親が子どもについて困り感や気になることがあり自発的に相談を申し込んだ場合とは異なり，保育園・幼稚園から専門機関での相談を勧められた場合や，乳幼児健診で保健師から発達相談を勧められたというケースの場合に，親自身の相談に対する動機づけが低いことがあります。また，相談を勧められた際に指摘された内容に対して親が納得していない場合には特に，子どもの発達について遅れや偏りを指摘されたくない，認めたくないといった気持ちを示しやすくなり，相談の動機づけや困り感が低く見えることがあります。

　子どもの発達に遅れや何らかのつまずきがあり，療育機関での訓練や継続的なフォローが必要と判断される場合，親の困り感や相談への動機づけが低くても，面接者は子どもの発達の状態について親に説明をし，次の相談や療育へつなげるという役割が求められます。

　このような親に対しては，面接のはじめから家庭での困りごとや子どもの発達のつまずきばかりに焦点を当てて聞き取ろうとすると，「家では別に困ることはありません」と話が広がらず，親の抵抗感をより一層強くしてしまいます。親には，子どもについて否定的なことを言われたという思

いだけが残ってしまうこともあるため注意が必要です。

　相談の動機づけや困り感が低く見える場合であっても，相談に来たということは，「困っているとまではいかなくて何か気になることや心配なことがあるのかもしれない」と考え，まずは「相談に来ていただいてありがとうございます」とねぎらいましょう。そして，子どもの好きな遊びや得意なことを聞き取る中で，「お母さんが子どもの好きな遊びを把握していることはとっても大切なことですよ」「お子さんとよくかかわっているのですね」など親に対してポジティブなフィードバックをすることを心がけます。また，たとえば「お母さんからみて，○○くんがこんなことができるようになったらいいな，こういう力を伸ばしたいなと思うことはありますか？」といった親としての願いを聞くようにします。「どんな場面でも物おじしないのはいいところなんですが，もうちょっと落ち着いて話が聞けるといいかな……」「もう少し園のお友だちと仲良く遊べるようになって欲しいです……」など，親から語られる願いの背景に，日ごろ感じている困り感や心配事が隠れている場合があります。親の願いを考慮し，子どものよりよい成長のために面接を進めるという心づもりで，面接を継続できるようにしましょう。

　面接を重ねていくうちに，親が「面接者が自分の話を傾聴してくれる，共感してくれる」と感じられるようになると，相談することの抵抗感が和らぎ，親が自分から困っていることを話してくれることもあります。

(7) アドバイスをなかなか聞き入れない

　相談の中で出てきた困りごとに対して親へ具体的にアドバイスをしても，「それもやってみたんですけどうまくいかなかったんです」「それを家でやるのは難しいです」と，はじめから聞き入れてもらえないことがあります。面接者としては，あれこれ考えて丁寧にアドバイスしたことが親になかなか聞き入れられないと，がっかりとした気持ちや無力感を抱いたり，「困りごとを言うだけで実践しようとしない」と親に対して苛立ちを感じてしまったりすることもあるでしょう。また，なんとかアドバイスを聞き入れてもらおうと説得しようとして，繰り返し説明をしようとしてしまったり，強く助言してしまったりすることもあるかもしれません。

まずは，親がそのような反応を返してくる背景をアセスメントしていきます。困ってはいるけれど具体的に対処するだけの精神的・時間的な余裕がない，今までいろいろな機関で助言されたことを実践してもうまくいかなかったなどの要因が考えられます。もしくは，親の子育てに関する価値観や願いが面接者からの助言とマッチしていない場合もあるかもしれません。

　困りごとに対して親から「どうすればいいでしょうか？」と質問を受けた場合には，即座にアドバイスを返すのではなく，まずはこれまでその困りごとに対して親がどんなふうに対応してきたのか，その結果どうなったか（部分的にはうまくいった，全く効果がなかったなど）といった点についてよく聞き取りましょう。その中で，親なりに取り組んできたことや工夫してきたことを認め，ねぎらうことを心がけます。

　また，アドバイスを行う際には，1つの方法だけを伝えるよりも複数の選択肢を提示して，その中から親が実践できそうなこと，子どもによりマッチしていると思われることを親に選んでもらうようにするとよいでしょう。親がアドバイスを受けた通りに子どもにかかわれるようになることではなく，親がアドバイスを受けたことを参考にして，自らかかわり方を工夫できるようになることが大切です。

(8) 園に対する不満・批判が強い

　面接の中で，「先生に要望を伝えてもやってもらえない」「園長の発言にショックを受けた」と，通っている保育園や幼稚園に対する不満や批判のことばを多く語る親がいます。子どもへの対応に対して不満を感じている場合もあれば，親と園（保育者）との関係性が悪くなっている場合もあります。

　話を聴く際に，面接者が親の発言のみに同調して園を悪者にしてしまうと，親と園との関係性がより悪化してしまうおそれがあります。たとえば，「園の先生に要望を伝えているのに，やってくれないのはやっぱりおかしい！」「園長がそのように発言するのはひどい！」と親がより一層強く思ってしまったり，親が園に「○○先生（面接者）に相談したら，園の先生に要望を伝えてやってもらうべきだ，と言われました」というように自分

の考えを後ろ盾を得たように園へ伝えてしまったりすることがあります。
　一方で，全面的に園側の肩をもつと，親は面接者に対して「味方になってくれなかった」「かえって自分の方が責められた」といった思いになり，面接者が親との信頼関係を築けず，その後の面接がうまく進まなくなってしまいます。
　ここで重要になってくるのは，客観的な状況把握と，親の気持ちに寄り添い共感することを区別しながら面接を進めていくことです。中立的な立場を保ちながら，まずは，親が園側のどんな様子や発言に対して不満を感じたのか，よく話を聴くことが第一です。その際には，親がどのように思ったのか親の考えや気持ちと，実際には何があったのか，園から何と言われたのかという客観的な事実とを，整理しながら聴くようにします。そのように整理して聴いていくことで，園にどのような対応をされたのかというような客観的な事実について聞き取りながら，嫌な思いをした，信頼を裏切られたように感じたなどの親の思いへも十分に共感を示すことができるようになります。面接では，親と園が子どものことについてどれくらい情報交換や相談ができているのか，両者の関係性についてもアセスメントします。そして，親がもっている園への要望を具体化し，うまく伝えるためにはどんな工夫ができるか一緒に考えていきましょう。
　面接者が園と連携できる立場にあり，園と親との間に第三者として入ることができる場合には，状況に応じて親と園側との調整を行います。「園の先生が〇〇とおっしゃったのは，〜〜ということかもしれませんね」というように園側の言動の意図をわかる範囲で代弁して親に伝えることが必要な場合もあります。

(9) 子どもへの対応が不適切である

　親が話す日ごろの様子や，親と子どもがかかわっている様子を実際に観察して，親が子どもを厳しく叱りすぎている，子ども自身の人格を否定するようなことばかけをしている，子どもからの働きかけを無視するなど，面接者から見て，親の子どもへの対応が不適切であると感じることがあります。
　間違った対応であると直接的に親に指摘した際に，アドバイスとして前

向きにとらえてくれる親もいれば，自分の子育てが否定された，責められたという思いを強く抱いてしまう親もいます。現在の対応に至った経緯には，子どもとのかかわり方がわからない，頑張っているつもりなのにうまくいかない，周りの家族に気を使いそうせざるを得ないなど，今までの失敗経験やあきらめの気持ちが背景にあるかもしれません。

　まずは，具体的に日々のかかわり方について聞き取る中で，親はどのような考えや思いをもってそのように対応しているのか確認していきます。「よくないと思っても子どもにひどいことを言っちゃうんです」など親が悩みながら対応している場合もあれば，「厳しく言い聞かせないと子どもはわからないですから」というような価値観をもっている場合もあります。抑制的な対応をしてしまう親も，「叩いて叱った後，どんな感情が生じてきますか」などの質問に対しては，その多くが「できるだけそのような対応をしたくない」という反応を返してきます。

　重要なのは，子どもがどのような行動を示したときにそのような対応を行ってしまうのか，そのときあるいはその後で親自身はどのように感じたり，考えているかを確認していくことです。

　親自身も今の対応に迷いをもっている，子どもに沿った対応方法を知りたいというニーズがある場合は，どうして今のかかわりが適当ではないのか，その替わりにどんなかかわりが望ましいのかといった点について丁寧に説明することを心がけましょう。また，子どもの発達特性や行動の特徴，好きなことなどの理解を親と一緒に深め，家庭でできそうな具体的なかかわり方についても一緒に考えていきましょう。

　子どもが面接に同席している場合には，面接者が子どもとかかわる姿を見てもらったり，その場で親に子どもと遊んでもらいながら面接者が親にかかわり方を伝えていくのもよいでしょう。このような親は，子どもの特性を理解できていない，うまくいくかかわり方を知らない，身につけていないという場合が多いためです。

　はじめはことばで厳しく叱るだけだったのが，罰として手をパチンと叩くようになり，それでも効果がないから顔や頭を叩くようになったというように，体罰が徐々にエスカレートした結果虐待につながる危険性もあります。特に，面接に来られていないパートナーによる子どもへの暴力や，

ドメスティックバイオレンスなどが生じている場合には注意しなければなりません。そのような場合は，地域の保健師や児童相談所との連携も視野に入れた相談と対応が必要となります。

(10) 支援者に子どもの支援をしてほしいという気持ちが強い

親が家庭で実践できそうな工夫やかかわりの方法についてアドバイスを行ったとしても，「それをここでやってもらうことはできないですか？」「そういう療育が受けられる所はないのでしょうか？」と，家庭以外で支援してもらうことを強く望む親がいます。しかし，面接者や療育機関で子どもに指導をしてその場面だけでできるようになっても，家庭での日々の生活の中でそれが応用・実践されなければ意味がありません。

そのような親の場合，子どもを支援してほしいという思いを受けとめ認めながらも，その思いにはどんな背景があるのだろうか，という視点をもって話を聴くことが大切です。思い通りにならないとすぐにかんしゃくを起こす，こだわりがあり変更がきかないといった特性が強い子どもの場合，普段の生活の中で親が「子どもとうまくかかわれない」という思いをもっていることがあり，子どもとかかわることに自信がもてず他者の支援に頼りたいという状態なのかもしれません。また，障害があると指摘されたことから，より専門的な指導を受けないと子どもの力が伸ばせない，指導を受けて周りの子に追いつかないといけないという焦りが強くなっている場合もあります。

親がどんなことで困っているのか，子どものどんな力をより伸ばしていきたいと思っているのかといった点について話を丁寧に聞き取っていきます。親によっては，「言うことを聞かないんです」「話せるようになってくれれば」など，困っていることや願っていることが漠然としていて，なかなか具体的な話題として出てこない人もいます。親が子どもの行動に注目して，支援の工夫を具体的に考えられるようになるのはとても大切なことです。

利用できそうな相談・療育機関についての情報提供を行う場合には，家庭で実践できそうな具体的な取り組みについてもあわせて提案します。専門的な機関での指導だけではなく，家庭での1つ1つの積み重ねによって

子どものできることが増えていくことを伝えます。他者に依存したいという気持ちの強い親の場合，自己決定ができない，自分の選択に自信がもてないということも多いので，ごく小さな，簡単なところから1つずつ，親が自分で選択し，それを家庭で実行して振り返る機会も設けていきます。面接を重ねる中で，親自身が子どもの支援を自信をもって行えるよう励ましていくことが大切です。

(11) 子どもに振り回されている

子どもがかんしゃくを起こすと要求を通している，たとえば，大泣きすると好きなお菓子を与えてなだめるようにしているなど，子どもの言うことを聞きすぎてしまっていたり，子どもの行動に親が振り回されていたりすることがあります。その場限りの対応としては，子どもの望む通りにするとおさまるので親の負担は少なくてすみますが，そのかかわりによって子どもの行動がさらに強められたり，頻度が増えてしまったりするなど，問題が悪化することが予測されます。

そのこと自体に気づいていない親に対しては，かかわりが悪循環になってしまっていることや望ましいかかわり方について具体的に説明をします。ただし，かかわりが悪循環になってしまっていることや，問題が悪化していくという予測ばかりを強調して指摘してしまうと，親は大変なショックを受けたり，指摘されたことに対して苛立ちを感じたりすることがあるため，必ず，子どもの成長のために必要な望ましいかかわり方をあわせて伝えるようにしましょう。たとえば，「お子さんが，かんしゃくを起こすことによって要求が通ることを覚えてしまわないように，いまの時期から少しずつ我慢する力も育てていきたいですね。かんしゃくが強くなってからお菓子をただ与えるのではなく，かんしゃくを起こしてしまう前に『何がほしいの？』と質問して，ほしいものをことばで言えたら与えるようにしていきましょう」というように伝えます。

自分のかかわりがよくないという自覚はあるけれど変えられない，うまくかかわることができないという親の中には，「また失敗してしまった」など自身を責める気持ちを強くもっている親もいます。面接者からかかわりがよくないということを指摘したり，「親としてこうあるべき」と指示

的にアドバイスしたりすることは控えるようにし，親が自身のことや子どもの様子をどんなふうに感じていて，どうしていきたいと考えているのかという思いを大切にします。親に自覚があることを受けとめながら，「かかわり方を変えるのって簡単なことではないですよね」「習慣化している子どもの行動はすぐに変わりませんけど，少しずつ確実に変わっていきますよ」というように共感を示しつつ見通しを伝えます。同時に，うまくかかわることができない要因を探っていきます。親の置かれている環境，たとえば，マンション住まいでうるさくすると迷惑がかかってしまうから，同居している祖父母から子どものことを指摘されるからといった理由でかんしゃくや大泣きを放っておくことができないという場合もあります。他の機関で相談したときに「叱ってはいけない」と言われたから子どもの言うことを聞くようにしている，という親もいるでしょう。

　具体的な支援を考えていく場合には，起きてからの対応だけでなく，かんしゃくや大泣きなどの行動をできるだけ起こさずに済むようにするためにはどうすればいいか，というところに重点をおき，事前にできそうな工夫や対応について話し合うようにします。

コラム　要保護児童対策地域協議会

　虐待を受けている子どもなど要保護児童とその保護者に関する情報交換や適切な支援を行うために協議を行うことを目的として，自治体に設置されている協議会（子どもを守る地域ネットワーク）です。虐待の未然防止，早期発見，適切な保護，子どもと保護者の支援を行うためには，関係機関が日ごろから情報交換や支援に関する協議を行い，連携協力することが必要不可欠です。協議会で知り得た秘密の守秘義務も規程されています。
　詳しくは，厚生労働省のホームページに「要保護児童対策地域協議会設置・運営指針」が載っていますので参照してください。
http://www.mhlw.go.jp/bunya/kodomo/dv11/05.html

5．他の機関との連携

　支援を進めていく中で，他の機関との連携が必要な場合があります(POINT)。親が他の機関から相談を勧められてこちら（面接者自身のところ）に相談に来る場合や，反対にこちらで相談をしている親に他の機関へ相談するように勧める場合，複数の機関の支援者同士が協力して子どもとその家族の支援を行う必要がある場合などです。いずれにしても，複数の機関同士が連携をする場合には，お互いの機関の業務内容や状況について理解し合っておくことが望まれます。

　以下に，たとえば，保健センター，子育て支援センター，児童発達支援センターなど子どもの発達や子育てに関する相談を受ける機関の支援者が，親から相談を受ける際のポイントを示します。機関によって相談の規程，守秘義務の扱い，連携の方法などが異なりますので，まずは自身の機関の相談の規程などを知っておきましょう。

1）地域リソースの把握

　地域リソースとは，地域にある支援機関や利用できる福祉サービスのことです。支援機関の概要や連絡先などを一覧にしておくことで，相談者に支援機関や福祉サービスの情報提供をしやすくなります。たとえば，クリアブックを使用して，支援機関や福祉サービスのパンフレットなどをファイリングしておくと便利です。また，リソースを把握するために地域の支援機関や福祉サービスをリストアップする作業を行う過程で，他の機関とのつながりができるメリットもあります。年度ごとに制度や事業が変更になることも少なくないため，最低でも年に1回見直し，最新の情報に更新しておくことが必要です。

2）他の機関から紹介されてきた場合

　その機関（他の機関）に相談に行った経緯，そこではどのような相談を

して，どんなアドバイスを受けたのか，そのアドバイスを親はどのように受け取った（理解した，感じた）のかを聞き取ります。また，その機関からこちら（面接者自身が勤務する機関）を紹介された理由や経緯についても聞き取ります。「どのようなことで紹介されたのですか？」「こちらの機関については，どんなふうに聞かれていますか？」などと聞くことで確認ができます。紹介の経緯や理由によって，こちらでの相談の目的や進め方が変わ

> **POINT**
> 親が現在利用している機関はどこか，面接の中で把握しておくことは面接の展開や連携，役割分担を考えていくうえで重要である。同じ主訴について複数の心理相談を受けることは親の側の混乱を招きやすくなるため，原則好ましくない。互いの機関が連携可能であり，全体方針が共通理解されていれば，A機関は夫婦関係の相談，B機関は子どもの問題行動についての相談というように役割分担していくことが可能である。

ってくるため，紹介の経緯や理由は，とても大切な情報です。また，これまで受けたアドバイス，その結果はどうだったか，親はどう感じているのかを把握できると，それらの情報を考慮して，新たな助言をすることができます。

　たとえば，医療機関から日常的な困りごとを相談する場として紹介されて親が来談した場合で，その医療機関で子どもの個別実施式の発達検査や知能検査をすでに受けている場合，再度検査を実施するには，通常，前回実施した日から１年を経過していることが望ましいとされています。紹介されてきた時期から１年が経過していない場合には，自身の機関で再検査することは正確な結果が得られる保証が難しくなるため，親を通じて，以前の検査結果に関する情報を得る，もしくは，別の検査を実施することが必要となります。

　他には，たとえば，子どもが通う保育園や幼稚園などから相談機関を勧められた場合には，親自身が家庭生活の中で困っているというよりも，園の支援者（保育者）が子どもへの対応に困っていて親にこちらの機関に相談することを勧める場合もあります。その場合には，家庭生活の中での子どもの様子に加えて，園生活の中での子どもの様子に関する情報を集めていくことが必要です。紹介元の機関と連携ができる場合には，親の同意を

得たうえで，面接者が紹介元の機関に，紹介の理由や，相談の経緯などを直接問いあわせるとよいでしょう。

3）他の機関を紹介する場合

それぞれの機関によって業務内容や規程が定められていることが，相談を受けたり支援を行ったりする際，いろいろな制約となってしまう場合もあります。たとえば，保健センターや子育て支援センターで，子どもの発達に関する相談を受けることはできても，医師がおらず診断ができない場合があります。その場合，診断が必要となれば，医療機関を紹介する必要があります。他にもたとえば，医療機関が定期的な相談を行えない場合に，親に対してより身近な地域で相談を継続するように紹介する場合もあります。いずれにしても，こちらから他の機関を紹介する場合には，注意するポイントがいくつかあります。なぜその機関を紹介するのか，そこではどんなことをしてくれるのか，親が見通しをもてるようにすることが大切です。

医療機関を紹介する場合には，特に注意が必要です。医療機関を紹介することに対して，「そんなに悪い状態なのだろうか」「何か診断名をつけられるのでは」と不安を感じたり，抵抗感を抱いたりする親は少なくありません。親に受診の意思があり「病院を紹介してください」ということであれば，紹介しやすいのですが，受診の意思があっても「医療機関に行った方がいいのでしょうか？」というように不安を抱え葛藤している場合は少なくありません。受診が必要な理由やそのメリットを説明することに加え，特に抵抗感が強い場合には無理に紹介することはせず，「医療機関に相談に行くのは勇気が要りますよね。行ってみようと思えるまで，もう少し相談を続けていきましょう。その中で考えていけばいいと思いますよ」と伝えるなどして，親の葛藤に寄り添いながら，親自身で決断することを面接者が支えることが重要です。よほどの急を要する状況でなければ，親のペースを尊重することが大切です。

他の機関を紹介する際には，「そこに行った方がよい」「行くべきだ」というような伝え方ではなく，「そこに相談に行くのも１つの方法ですね」

「一度相談に行かれるのもいいと思います」というように，あくまで選択肢の1つとして伝え，親の意思決定を促します。こちら側の意見を一方的に押しつけるような形にならないように注意しなければなりません。

親の多くは，別の場所を紹介されると，「見離されたのではないか」，など関係を断ち切られたように感じます。そのため，相談を勧めた後にも，この機関での相談を継続できることを伝え，親に安心してもらうことが大切です。たとえば，医療機関を紹介する際に，「医療機関に行った後に，一度いらしてください。どんなお話を聞かれたか教えてくださいね」というように伝えるとよいでしょう。紹介状を作成することが必要な場合もあります。

別の機関へ相談するように紹介する際には，面接者には，いつ，どこに，どのように紹介するか，その伝え方を考えるだけでなく，紹介したら親はどのように思うか，どう行動するかを想像し，紹介した後には面接者はどのように支援を行うかをあらかじめ考えておくことが求められます。

4）他の機関との連携の方法

幼児期の支援において多いのは，保育園や幼稚園，児童発達支援センターなどの子どもが通う機関との連携でしょう。以下，たとえば，保育園からこちらの機関に相談するよう紹介されてきた場合を例に挙げて説明していきます。当然のことながら，連携の際には，個人情報の取り扱いに注意をしなければなりません(POINT)。

園と連携をする目的は主に2つあります。1つ目は，園から子どもの様子について情報を得ることです。子どもに関する相談内容が，家庭ではなく園で困っているというような内容の場合，親自身も園での問題について，十分に把握で

> **POINT**
> 他機関から連携や情報提供を依頼される場合もある。その場合，連携や情報共有の目的や必要性とその範囲，守秘義務の扱いなどのルールを確認しておく。基本的には親の同意が前提となる。また，機関同士の連携であれば責任者の許可を得たうえで，各機関のルールに基づいて，倫理規程にそって行うことも忘れてはならない。

きていないこともあります。そのため，相談に来た親に「園での様子はどうですか？」と質問しても，答えられないことが少なくありません。親の同意を得て，園と連絡を取り，電話で，または直接会って（面接者が園に出向いたり，園の先生に相談機関に来てもらったり，可能な方法で）子どもの様子について聞き取ります。その場合に，園と面接者の二者間で連絡を取るのか，親を通じて連絡を取るのか，または親を含めて三者間で連絡を取るのか，連携方法に関する親の希望を聞いておきましょう。そして，園と連携を取る前に，親と園（担任，管理職など）が子どものことについてどの程度情報を共有できているのか，日常的にコミュニケーションが取れているかを確認しておくことが大切です。

　親と園が日常的にコミュニケーションを取れていない場合や，関係があまりよくない状況である場合には，園と連携を取ることが難しいこともあり，面接者は第三者として中立的な立場でかかわっていくことが必要になります。もし，親の許可を取ったうえで親を介さずに二者間で連絡を取り連携する場合には，園からの子どもに関する情報の中には，親も知らない情報が含まれていることがあります。園から得た情報は，親と園が共有している情報なのかどうかを必ず確認します。園と親が共有していない情報は，園から親に伝えてもらうようにお願いします。ただし，内容によっては，親に伝えにくいことがあるかもしれませんので（たとえば，親への配慮として，園から親に対して子どもの問題行動の詳細についてすべてを伝えていないという場合が多くあります），親に伝える内容やその伝え方について，園と面接者が親に伝える前に十分話し合って決めておきましょう。

　園と連携する２つ目の目的は，親との相談の内容や，子どものアセスメントの結果などの情報を園に伝えることです。この場合には，面接で得た情報の内容について，園に伝えてよいかどうかを親に確認し，同意を得ることが必要です。親が伝えてほしくないという内容は原則伝えてはいけませんが，伝えた方が子どもにとってメリットがある場合，伝えないことが子どもにとってデメリットになってしまう場合には，親にその旨を丁寧に説明し，園への伝え方を話し合い，了承を得ることも必要です。たとえば，子どもが感覚的に大きな声や音が苦手であることを園に伝えておくことで，笛や楽器を使う時間には，少し離れたところから見学するだけにしてもら

ったり，その時間は別の活動にしてもらったりすることができるかもしれません。そのことを伝えないでいることで，子どもがやらないのは「やりたくない」「わがまま」と理由付けされてしまい，活動に参加するよう強く促されてしまうことがあるかもしれません。親が子どもの情報に関して園に伝えることをためらう場合には，親に，「園に伝えるのを控えたいと思われる理由があれば聞かせていただけますか」「ここで相談をしている

コラム　サポートブック

　サポートブックは，子どもの自己紹介ブックです。子どもの特徴，たとえば，好きな遊び，コミュニケーションの取り方，ことばの理解や表現などの様子や，子どもへのかかわり方のポイントや具体例など文字にして見やすくまとめたものです。その子にかかわる人に見てもらうことで，その子を理解してもらうきっかけにしてもらいます。保育園の担任の先生や，ボランティアなど子どもを預ける「人」に見てもらうなど，活用の仕方はさまざまです。基本的には親が作るものですが，親と支援者が一緒に作ることで，子どもの共通理解を深めることができるでしょう。

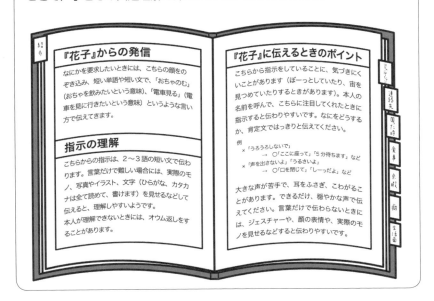

第2章　親面接の進め方

ことを知られたくないのですね」など，親の心配なことや不安な気持ちをくみながら，「大きな音や楽器の音が苦手であること，お家でもテレビから大きな音や楽器の音が聞こえてくるだけで泣いてしまうことがあること，そのときにお母さんはいつもどんなふうに対応しているかを先生に伝えてみるのはどうですか」というように，親自身が自分で言えるように励ます形で提案するとよいでしょう。

　一方で，親が園に伝えてほしいという希望がある場合でも，そのまますぐに園に伝えるのには注意が必要です。園と親が日常的にコミュニケーションを取れていて関係が良好である，そして園が，親と面接者が話し合っている内容について知りたいと希望している場合には，そのまま伝えても問題はないでしょう。しかし，園と親の関係がよくない場合や，面接者から親に伝えているアドバイスの内容が，園が現在子どもに対して行っている支援の工夫と異なる場合には，助言を伝えられた園は現在の対応の仕方を批判されたようにとらえてしまうことがあります。そうなると，園と面接者の関係，園と親の関係がさらに悪くなってしまうおそれがあります。事前に，親から園の様子や，園との関係について聞いておきましょう。

　子どものアセスメント（検査も含む）の結果や支援の工夫に関するアドバイスを園に伝える際に，面接者が園の様子を把握できておらず，また園と直接会って話すことができない場合には，伝え方に注意しましょう。「検査場面では，○○の特徴が見られました。そのような場合には△△のように対応すると，お子さんはわかりやすいようです」というような伝え方や，「親のお話では，おうちで○○のような行動が見られることがあるようです。面接者から親には，△△のような工夫をしてみることをアドバイスしました」というような伝え方を心がけ，あくまで，親の相談から得た情報や，面接者が行った子どものアセスメント（検査も含む）結果から示唆されるポイントである旨を伝えるようにします。それを踏まえて園でできる工夫を考えてほしいということをお願いします。園に対してそのような配慮をせずに，「◇◇くんには，○○の特徴が見られました。園で△△のような対応をお願いします」というような断定的な言い方や，面接者からの一方的なお願いのような伝え方で伝えるのは適切ではありません。

　機関連携は，子どもや親の支援をよりよくするために行うものです。支

援を行う機関同士が普段から積極的にコミュニケーションを取り，いつでも連携できる関係を築いておくことが大切です。

第3章

親面接の実際
―― 事例紹介

はじめに

　この章では，第1章「幼児期の親支援」および第2章「親面接の進め方」で示したアセスメントや支援のポイントを基にした事例を紹介します。事例は，幼児期の相談として多い内容（主訴）を11種類取り上げ，主訴別に，事例，親の様子と面接の方針，アセスメントと支援のポイントという流れで書かれています。

　「事例」は，相談に来られた親の発言です。主訴ごとに，2～3人の事例を紹介しています。

　「親の様子と面接の方針」は，面接者が面接中に感じた親の様子や，面接者が考えた親との面接の方針について書いています。

　「アセスメントと支援のポイント」は，面接の方針に従って，アセスメントと支援で優先すべき重要なポイントに絞って解説しています。

　各事例はそれぞれ独立していますので，実際にかかわっている事例に近い事例や，興味のある事例から読み進めていくことができます。各事例に共通する基本的な相談の進め方やアセスメントのポイントに関しては，第1章および第2章の内容と関連づけながら読み進めていくと内容が深まります。

　なお，本章で紹介する事例については，相談・支援の現場でよくある事例をいくつか組みあわせて作成した仮想の事例であり，実際の特定の事例を紹介しているものではありません。

1．ことばが気になる

事例A　2歳6ヶ月の男児（診断なし）

　先日，小児科の先生に子どもの相談をしたところ，自閉症に当てはまるところがあると言われました。ことばがなかなか増えなくて，ときどき「ぶー（車）」や「マンマ」と言うくらいです。2歳でこのレベルだとやっぱり遅れているのでしょうか？　家ではおもちゃで遊んだり，DVDを観たりして一人でおとなしく過ごせます。保育園に入って刺激を受けた方がことばは増えますか？　ことばを増やすためにはどのようにかかわればいいですか？

● 親の様子と面接の方針

　子どもについて一番気になっているのは「ことばの遅れ」ですが，その他にも心配事がたくさんあり，次々と質問を投げかけてくる親です。医師から正式な診断ではなく「自閉症に当てはまるところがある」とあいまいに告げられた直後であり，子どもの発達に対して不安や焦りを強く感じていることが背景にあるようです。

　不安が高く，矢継ぎ早に質問してくる親に対し，焦って即答することは避けます。また，診断の是非を取り扱うのではなく，今の子どもの実態と今できることに焦点化すべきです。まずは，不安なことなど親の思いを十分に聞き取ることを重視します。そして，子どもの発達の状態について丁寧にアセスメントをしたうえで，親からの質問に答えたり家庭でのかかわり方を一緒に考えたりします。

● アセスメントと支援のポイント

1）親の思いの受けとめ

　特に，困り感や不安の高い親から質問を投げかけられたとき，面接者として「すぐに答えを返さなければ」という焦りが生じがちです。しかし，

親が思いつくままに次々と投げかけてくる質問に対し，十分な聞き取りをしないまま即答するのは避けたいものです。話の内容があちこちと飛んで収拾がつかなくなったり，子どもや親にとって適当でない助言になったりしやすいからです。

まずは，面接者が子どもの様子を聞き取りながら，親が心配していること・困っていることについて整理します。丁寧に話を聞きながら，次々と質問を投げかける背景にある焦りや不安の思いを受けとめることを大切にします。その際には，親が今できているかかわりを肯定的にフィードバックすることを心がけます。また，具体的なアドバイスを行う場合には，親の思いや精神的・時間的余裕なども確認したうえで，親が家庭で実行できそうなことをできるだけ具体的に提案します。

2）ことばの発達

事例のように，親からの質問が多くあちこちと話題が飛んでしまいがちな場合，面接者からテーマを絞って話を聞くことが大切です。「まずは，お母さんが今一番気になっておられることばのことからお聞きしますね」と面接者から提案します。この事例の場合，発語は「ときどき『ぶー』『マンマ』と言うくらい」とのことですが，医師から「自閉症に当てはまるところがある」と言われていることから，その特性を考慮し，特に大人に対する「要求」の場面に絞って，子どもの要求のレパートリーを確認します。

その際は，たとえば「好きなおもちゃが手の届かない所に置いてあったら，お母さんにどうやって伝えますか？」というように，具体的な場面を挙げて質問するようにします。要求の方法はことばだけに限らず，アイコンタクトや指さし，大人の腕を引っ張る（クレーン行動），物を持ってくるといった行動も含まれます。もしくは，大人へ要求せず自分でよじ登り取ってしまう（自己充足）という子どももいるでしょう。どんな要求のレパートリーをもっていて，どんなときに要求が出やすいのかを確認することがポイントです。面接者が実際に子どもと遊びながら，「今，おもちゃをとって欲しいとき，私を近くまで引っ張って連れていきましたね。お家ではどうですか？」というように確認すると，親からの発言が引き出しや

すいです。

　自閉スペクトラム症（ASD）の子どもの場合，特に，要求の機会を利用すると，人に働きかけるコミュニケーションの力が育ちやすいことが知られています。この事例ではことばの遅れとあわせて，「家ではひとり遊びをしていることが多い」といった様子が聞かれ，コミュニケーションの力を伸ばすために，まず「子どもから大人への要求の機会を増やすこと」が目標として考えられそうです。要求場面の様子を具体的に聞き取り，もう少しの工夫で増やせそうな行動は何か，日常の中で親がどのような点を意識してかかわればいいか手がかりを探っていきます。たとえば，ジュースが欲しいとき「親が近くにいれば，冷蔵庫を指さして要求することがたまにある」という子どもであれば，勝手に冷蔵庫を開けようとしているとき，親が隣で「あけて」と指さすモデルをやって見せ，子どもが真似して指をさしてからジュースを渡すことを提案します。

　また，ことばの発達は表出だけが単独で伸びるものではなく，大人からの働きかけを理解する力が基礎となり表出の力が発達していきます。よって，すでにあげた「大人への要求の機会を増やすこと」とあわせて，大人の行動や状況に沿って「理解できることばを増やす」という働きかけも必要です。「『お出かけするよ』の声かけでカバンを持ってきたり，靴を履い

たりしますか？」「『ゴミぽいして』『○○取ってきて』といったことばに応えてくれますか？」など，理解言語のレパートリーがどの程度あるのかも確認していきます。それを踏まえて，出かける際はカバンを見せながら声をかける，近くのゴミ箱を指さしながら「ゴミぽいして」と指示するなど，ことばの理解を補う働きかけ方について提案します。

3）きこえについて

　ことばの遅れの場合にあわせて確認しておきたいのが，「きこえ」についてです。「遠くで鳴っている救急車やサイレンの音に気が付きますか？」「隣の部屋で好きなテレビの歌が聞こえたら，期待して来たりしますか？」など，きこえの弱さがないか確認します。検査や遊びの場面で，子どもの背後から小さな鈴やカスタネット，太鼓，携帯の電子音などを実際に鳴らして反応をみることもできます。ことばが遅い，発音が幼いといった子どもの中には，生活上目立った聞こえの問題はなくても，ABR（聴性脳幹反応）検査など精密な検査をしてみると，ある特定の音域だけが聞こえにくいなど軽度の難聴だったというケースもみられます。発達検査を実施して，言語表出は遅れているものの，視覚認知の領域は正常範囲内で，その他社会性や運動面は気にならないといった場合は，「一度，念のために」と耳鼻科の受診を勧めるとよいでしょう。

4）本人の好きなものや遊び

　子どもの好きなものや遊びのレパートリーを多く知っていれば，子どもから大人に要求する機会をたくさんつくることができます。一般的な遊びの形にこだわる必要はなく，特にASDの子どもの場合，くるくる回るものを見るのが好き，水を触るのが好きなど，感覚的な遊びを好む子もいます。「触覚系」「視覚系」「聴覚系」「身体あそび系」など大まかな遊びの分類を頭の中に置きながら聞いていきます。好きな遊びの系統がわかると，同じ系統の中で少し違う遊び方を提案し，さらにレパートリーを広げることもできるからです。

　たとえば，ミニカーの車輪が回るのを横から見るのが好きといった「視覚系」の感覚遊びが好きな子であれば，ボタンを押すとミラーボールのよ

うに光るおもちゃや，「クーゲルバーン」（傾斜のついたレールの上をボールが転がって落ちる）などのおもちゃが好きなことが多いです。そのようなおもちゃを使った遊びの中で，子どもが期待して大人に視線をあわせるのを待ってからボタンを押す，"ちょうだい"のジェスチャーを模倣させてからボールを渡すなど，子どもの要求行動を引き出すかかわりがアドバイスできます。

事例B　5歳4ヶ月の女児（診断なし）

> ことばの遅れが気になり，3歳のころから半年に1回程度，市の発達相談を受けてきました。最近の知能検査では，遅れはないけれど平均より少し低いと言われました。身のまわりのことは大体自分でできますし，おとなしいタイプなので日常生活で特に困ることはありません。ただ，同年代のお友だちと比べるとやはりことばは少なく，自分の気持ちを伝えたり，文章をつなげてしゃべったりすることが苦手です。幼稚園の先生に相談したところ「お家でたくさんお話をしてあげてください」と言われたので，毎日園での出来事を尋ねているのですが，いつも同じような返事しか返ってきません。しつこく聞くと面倒そうに，「忘れた」で済まそうとします。もっとことばの力を伸ばすためにはどうすればいいのでしょうか？

●親の様子と面接の方針

　今まで定期的に発達相談を受けてきた親です。日常生活における困り感は薄いですが，子どもの言語発達のつまずきを親なりに理解し，家庭でできることに取り組みたいという意欲がうかがえます。ことばの力を伸ばすための方法について，より具体的な助言を求めています。
　言語能力に限らず，子どもの発達の全体像をアセスメントします。子どものできているところを確認しながら，家庭で今日から実践できそうなことを具体的に提案します。年長児の場合，就学を視野に入れた相談が必要

ですが，親の焦りの気持ちに配慮しながら，親子にとって無理のないペースで取り組んでいけるように相談を進めていくことが大切です。

●アセスメントと支援のポイント

1）全体的な発達の確認

ことばのやりとりの難しさがなぜ生じているのか，子どもの全体的な発達から理解するため，言語面とあわせて認知面，運動面や社会性の発達についても確認します。

まず言語面については，どの程度ことばをつなげて文章を組み立てることができているのか，具体的に確認していきます。たとえば，「自分が興味をもっていることや好きなことについては，どのようにお話してくれますか？」「普段，園での出来事をどんなふうにお話してくれますか？」というふうに，日常会話で聞かれることばを親に再現してもらってもいいでしょう。また，親同士の会話に入ってくることはあるか，きょうだいと遊ぶ中で順番の交渉をしたり，嫌なことをことばでどうやって伝えたりしているか，具体的な場面を挙げて尋ねると確認しやすいです。

加えて，「はさみ」と言うとき「はたみ」や「はちゃみ」になってしまうといった発音の誤りの有無や程度についても確認します。就学前の段階ではあまり気にしていない親も多いですが，食事中よく噛んで食べているか，口の汚れを舌で舐め取ることができるか，歯磨きの際うがいができているかなど日常場面での様子を聞き取り，口周りや舌の使い方の発達に遅れがないか聞き取ります。4歳を過ぎて，知的な遅れはないのに発音の不明瞭さや誤りが目立つ，親も発音を気にしているといった場合は，療育機関や病院などで言語聴覚士による相談を勧めてもよいでしょう。また，幼児期によくみられる言い間違いや発音の誤りを家族がいちいち指摘したり言い直しをさせたりすることで，自発的な発話が減ってしまうという心理的問題である場合もみられます。面接の中でチェックしていきましょう。

言語面の発達に加えて，運動面や身辺自立についても確認します。特に，事例のような年長児の場合は，「就学に向けて必要なスキルがどの程度身についているか」という視点をもって聞き取ります。たとえば，身辺自立については登園までの朝の支度が自分でできているか，使った物は元の場

所に片付ける，服をたたむといった習慣が身についているかといったことです。また微細運動については，箸や鉛筆の持ち方・使い方，糊やテープで貼る・色を塗るといった工作の様子，普段どのような絵を描いているかなどを聞き取りながら確認します。

2）働きかけの仕方

この事例の親は，園の先生からの助言に基づいて毎日子どもに園での出来事を尋ねています。ですが，ことばの育ちがゆっくりである子どもの場合，「今日は幼稚園どうだった？」「何が楽しかった？」といった漠然とした問いかけでは，何をどう答えればいいのかわかりにくいでしょう。もしくは，家に帰ってからだと出来事がうまく思い出せない，毎日同じ質問をされることにうんざりしている，といった要因があるのかもしれません。

まず，面接の中で，家庭で親が具体的にどんなことばかけをしているのかを確認します。全体発達の特徴を踏まえたうえで，ことばかけの仕方が適当であれば，声をかけるタイミング（遊んでいる最中など注意が向きにくいときに話しかけていないか）や話題の選び方（子どもが好きなテーマを選んでいるか）について振り返り，かかわり方で工夫できることを親と一緒に考えます。また，子どもの発達レベルに比べてわかりにくい声かけをしている場合は，「給食は何を食べたの？」「今日は外で遊んだ？　中で遊んだ？　（外なら）すべり台したのかな？　ブランコかな？」と，質問を狭めたり答えの選択肢を与えたりする方法を助言します。または，園の先生が書いた連絡帳を見て，親がヒントを与えながら聞いていく方法もあります。

加えて，家庭でできることばの練習の方法として，簡単ななぞなぞ（例：「赤くて丸い果物は何？」）やしりとりといったことば遊びの中で言語概念や語彙を広げることや，ごっこ遊びのやりとりの中でセリフのお手本を示す方法も提案できます。また，簡単な頼みごと（例：「お父さんのところに行ってコップもらってきて」「おじいちゃんに『ご飯だよ』って言ってきて」）や，見たこと・やったことの報告（「お兄ちゃんが何しているか見てきて」「○○ちゃん，お父さんと公園で何をしたの？」）を取り入れてもいいでしょう。ただし，子どもが楽しめる範囲で取り組むこと，う

まく言えないときはヒントを出して答えを導くことも注意点として伝えます。

3）就学に向けて，集団における配慮の必要性

この事例の親の心配事は「ことばに関すること」に集中していますが，保育園・幼稚園の年長児の場合，家庭や園で今やるべき取り組みを考えることとあわせて，就学後の集団生活においてどんな配慮が必要か，という視点も大切です。この事例のように，発達はややゆっくりだけど知能の遅れはない，また，周りを見て活動でき他児とのトラブルも特に目立たないといった子どもの場合，多少ことばの幼さがあったとしても集団の中では見過ごされてしまいがちです。しかし，就学後，授業中先生の話が理解しにくく学習への意欲が低下してしまったり，友だちとことばでうまくコミュニケーションが取れず誤解されてしまったりと，つまずきが表面化することもあります。できるだけ就学前に事前に準備できるよう，現在親が気になっていることや園での様子などを聞き取ったうえで，就学に向けて家庭でどんなことが取り組めそうか，学校で配慮してほしいことをどのように伝えればいいかについて話し合います。

慣れた大人や特定の友だちとの対話はできても，大勢の中で自分だけ注目されるような場面では途端に黙り込んでしまうなど，集団の中で不安を感じやすい，対人緊張が高い子どもの場合には，就学後，心理面での配慮も必要といえます。たとえば，予告できることは事前に伝えておいたり，質問に答えにくいときは選択肢を用意してその中から選べるようにするなど，不安の低減を図ったり失敗体験を積まないための配慮が望まれます。家庭では，「学校ごっこ」のように遊びの中で"挙手して当てられてから質問に答える"といった練習をしてもいいですし，就学後は教科書を一緒に読んで予習する時間をつくるなど，事前にリハーサルする機会をつくるといいでしょう。

事例C　5歳2ヶ月の男児（診断あり）

　自閉スペクトラム症と診断を受けています。昆虫が好きで，珍しい虫の名前や特徴など，大人がびっくりするくらいたくさん覚えています。ですが先日，幼稚園の先生から「コミュニケーションが一方的でやりとりになりにくい。お友だちとうまく会話が成立していないようです。一度ことばの相談に行かれてみては？」と言われ心配になりました。ことばの成長は早かったですし，家の中でもうるさいほどずっとしゃべっているので，今までことばについて気にしたことはなかったのですが……。

●親の様子と面接の方針

　ことばの遅れはみられず，得意分野に関しては周りの子ども以上に知識が豊富な面もあるので，親としては今どうして「ことばの相談」を勧められたのか疑問を感じています。ASDと診断を受けているとのことですが，園の先生が言われるような「一方的な会話になってしまう」状態がASDのコミュニケーションの特性であるとは理解していないのかもしれません。

　言語発達だけではなく，社会性の発達やASDの障害特性という視点からも，子どものコミュニケーションの特徴について，母親がどのように理解しているか確認しながらアセスメントをしていきます。そして，親の特性理解やかかわり方の工夫につなげます。

●アセスメントと支援のポイント

1）コミュニケーションの能力

　一般的に，ASDのある子どもは知的な遅れがなく，基本的な表現・理解語彙は年齢相応に身につけていても，その場の文脈に応じてことばを理解したり適切に使い分けたりすることが難しい，また抽象的なことばの理解が苦手であると言われています。また，相手の注意を引いてからしゃべり始める，相手の表情を見ながら話をするなど，非言語的なコミュニケーションのスキルが乏しい（気づきにくい）という特徴もあります。しかし，

そういった特徴は発達検査や知能検査の数値としては表れないこともあります。そのため，親としては，「ことばの相談を……」と勧められても「よくしゃべるし，ことばの遅れはないと言われているのにどうして？」というとらえ方になってしまいがちです。

親が子どもの特性をどの程度理解しているのかを確認しながら，いわゆる知的発達としての言語能力だけではなく，社会性の発達という面から広くコミュニケーション能力をアセスメントする必要があります。たとえば，面接の中で子どもに直接話しかけ，「好きな遊び（食べ物，テレビ）は？」など具体的な質問から，「どんなとき友だちとけんかになるの？」「～で困ったときにはどうしたらいいの？」など経験に基づいた話や一般化した答えができるかといった点について確認します。また，園でのどのような様子からことばの相談を勧められたのか，具体的に親から聞き取ります。その場で親から情報が得にくい場合は，園の先生に確認したいことを親に伝え，次回の面接までに聞いてきてもらってもいいですし，園との連携が取れそうであれば面接者が直接，園での様子を電話などで確認してもいいでしょう。

2）遊びの様子

特に，遊び場面でのコミュニケーションに絞って，遊びへの誘い方・断り方，物の貸し借り，遊びやルールの提案をする，相手からの提案や変更を受け入れるなど，他児と円滑に遊ぶために必要なスキルが身についているかを確認します。園での遊びの様子は親が実際目にすることは少ないので，可能であれば相談場面での面接者との遊びの中で，上述のようなことができるか働きかけてみます。

たくさんの玩具の中から子どもが自由に遊べる環境であれば，子どもが好む遊び，遊びの共有（一人で黙々と遊ぶのか，子どもから面接者を誘ってくるのかなど），遊びの持続時間（1つの玩具でじっくり遊ぶ，物が多いと次々と目移りする，すぐに飽きて転々と遊びを変えるなど）といった点についてアセスメントができるでしょう。また，トランプのババ抜きや七並べなど，ルールや勝敗が明確な遊びを面接者から誘って行う中で，ルール遵守（ルールを理解しにくい・すぐに忘れる，自分に有利なように勝

手にルールを変える，相手の提案が受け入れにくい，順番を飛ばしやすいなど），勝敗へのこだわり（負けそうになるとイライラする，途中で止めてしまうなど）といった点を観察します。終了の受け入れ，片付けの仕方（進んでやろうとしない，物の扱いが荒い，片付ける場所が見つけにくいなど）も観察のポイントの1つといえます。

　友だちとのかかわりにおいて，どんな場面でトラブルになりやすく，つまずきやすいのかという視点をもちながら，遊びの中でできていること，苦手なことを探っていきます。

3）好きなものや活動

　ことばを用いた適切な伝え方を練習する際，遊びの中で学んでいくという方法があります。そこで，本人が好きなものや活動，興味をもっている事柄などについて確認します。たとえば数字への興味が強い子どもであれば，「お買い物ごっこ」の中で，お母さん役が伝えた物，数を正しくお店屋さんに伝えてもらってくるといった数のやりとりを組み込むことで，ごっこ遊びの一連の流れが楽しめるかもしれません。その中で，「すいませーん」と相手に声をかけてから話をする，「どうぞ」「ありがとう」といったやりとり，忘れたときにもう1度聞き直しに行くといったコミュニケーションをパターンで学ぶことができます。

2．落ち着きがない

事例A　2歳2ヶ月の男児（診断なし）

> 今まで特に子どもの発達について相談したことはなかったのですが，よく動き回り落ち着きがないので，多動なのではないかと心配になっています。保育園や幼稚園にはまだ入っていないので，日中は近所の児童館へよく行きます。自由遊びのときは，好きなおもちゃで遊んだり，お友だちと追いかけっこをしたりして機嫌よく過ごせるのですが，絵本の読み聞かせの時間になるとウロウロして話が聞けず，無理に座らせようとすると大きな声を出して怒ります。この子より月齢の低い子でもおとなしく座っているのに……。今後集団生活になったとき，周りにあわせて行動できるのか心配です。

●親の様子と面接の方針

　今まで特に発達について気になったり，指摘されたりしたことはないけれど，「何となく扱いにくい」「他の子とは少し違うのではないか」という困り感や心配を感じている親です。在宅から集団生活への移行についても不安を感じています。

　子どもの発達の状態について十分にアセスメントし，親自身の思いや育児における負担度についても丁寧に聞き取ります。子どもの発達に関する親の不安を受けとめながら，無理なくできる子どもとのかかわりのポイントを伝えます。継続的なフォローを行い，必要に応じて，保健センターなどで行っている親子遊びの教室や療育機関などで定期的に子どもの発達の経過もみていくことを勧めます。

●アセスメントと支援のポイント

1）落ち着きのなさの程度や状態

　まずは親が思う「動きが多い」「落ち着きがない」という様子について，

子どものどんな行動を見てそう感じるのかを具体的に聞き取っていきます。お母さんは，児童館での「自由遊び場面」と「読み聞かせ場面」での子どもの行動の違いについて挙げていますが，たとえば家の中での遊びや食事のときなど，その他の場面でみられる様子についても確認します。特に1，2歳の子どもにみられる「落ち着きのなさ」は月齢の範囲内で，経過をみていい範疇であることも多いからです。幼児期前半になると，子どもは徐々に親から離れて探索行動をとるようになります。反面，まだ自制は難しく，できる／できない，してよい／悪いとは関係なく自分の思うように動きたがります。そうやって活動しながら物事を学び，自我を育てていくのです。そういった一般的な説明をすることで安心する親もいます。しかし，子育てに対して不安を感じやすい，気軽に相談できる相手が少ないといった親の場合は特に，「前と違っていうことを聞かなくなってきた」「反抗的になってきた」と心配事としてとらえることもあります。その場合は，親が心配している気持ちを十分に受けとめ，相談を継続することが必要です。

2）親の負担度

　子どものどんな様子が気になっているのかを聞くことと並行して，親が子どもの「落ち着きがない」様子に対してどのようにかかわっているのか，また，どの程度の負担感をもっているのか探っていきます。落ち着きのない子どもに対し親自身も余裕をもってかかわれず，些細なことでもいちいち叱ったり，必要以上に強くどなってしまったりすることで，余計に子どもが落ち着かなくなる，という悪循環に陥っている場合もあります。親が感じている子育ての負担感と比べて，それをサポートしてくれる資源が乏しいといった場合，保育園などの利用を提案することもあります。また，地域によっては市町村の母子保健事業として，1歳6ヶ月児や3歳児の健診において発達面のフォローが必要と判断された子どもを対象に，親子遊びの教室を開いています。グループ遊びを通して子どもの発達の経過観察を行い，親に対しても子どもとかかわる際の工夫や遊び方を提案します。入園前に集団活動に慣れるための場として活用してもよいでしょう。

　また，児童館によっては自由遊び，工作，読み聞かせなど，それぞれの

活動の始まりと終わりが明確なところもあれば，おもちゃが広げられたままの状態で読み聞かせが始まるなど，区切りが明確にされていないところもあるでしょう。公共の場では子どもにあわせた環境に変更することは難しいので，児童館では子どもが自由に楽しく遊べることをメインにして，一方で，家庭で少しずつ取り組めることを考えます。たとえば，読み聞かせの方法として，まずはわかりやすい絵のみで文字はほとんどない赤ちゃん用の絵本を選び，「おしまい」と言うまで子どもが注目できたら十分にほめることを繰り返し，少しずつ話を聞く時間をのばしていくとよいでしょう。

3）子どもの発達アセスメント

親が「落ち着きがなく扱いにくい」と感じている子どもの発達についてアセスメントする際，1）で挙げた落ち着きのなさの程度や状態とあわせて，特に以下の2点が聞き取りのポイントとして挙げられます。

1つ目は多動性と社会性の発達の関連性についてです。なじみのない場所でも手を離すとどこに行くかわからない，といった状況が語られたとき，「お母さんがどこにいるかときどき確認する様子はありますか？　見えなくなったらどうしていますか？」など，より具体的に様子を聞き取っていきます。特に，ASDの特性をもつ子どもの場合，幼児期には多動が多くみられますが，ただ動きが多いだけではなく，親がどこにいるか気にする様子がない，離れても不安を示さないなど社会性の発達が不十分な様子がみられるためです。その場合，子どもの多動そのものへの対応というよりは，コミュニケーションや社会性の育ちを含めた発達全体に対する経過観察や早期療育など，継続的な支援を見据えて相談を進めていきます。その中で，具体的な安全確保の方法や，かかわり方の工夫を考えていきます。また，無理に集団へ入れるのではなく，集団に参加できる時間を少しずつ増やしていくなどスモールステップでの練習の仕方を考えていきます。

2つ目は働きかけへの理解についてです。子どもによっては，周囲の状況や大人からのことばかけの理解が困難なために今やるべきことがわからず，周りの子と比べて落ち着きのない状態になっている場合もあります。発達検査や親からの聞き取りによって，大人からの働きかけの理解レベル

を確認します。事例のように「次の活動に移る切り替えの場面」であれば，「遊んでいるときに『お外行くよ』と声をかけたら，玄関に行ったりしますか？」「外で遊んでいるとき『もう帰るよ』と声をかけたら嫌がったりしますか？」というように質問していきます。「カバンを持たせたら喜んで靴を履きに行くけど，ことばだけだとわからないかも……」などと，月齢に比べてことばの理解の幼さが疑われる場合は，ことばかけに加え，具体物を見せながら，または身振り手振りをつけながら働きかける方法を提案します。たとえば，「おもちゃはおしまいだよ，次は絵本だよ」と声をかけるだけではなく，おもちゃを片付ける箱を指さしたりお母さんが箱の中におもちゃを入れるモデルをみせたりしながら声かけをする。また，絵本を目の前に持ってきて見せるといった方法です。

事例B　4歳5ヶ月の男児（診断なし）

　3歳児健診で保健師さんから落ち着きがないと言われ，今回の発達相談を受けるよう勧められました。2歳の妹と，3ヶ月の弟がいます。身体を動かす遊びが好きで，家の中でも動き回っていることが多いです。勝手に家から飛び出そうとしたり机など高い所に上ったり，繰り返し叱っても危ないことばかりするので困っています。私は妹，弟の世話と家事に時間を取られるので，正直この子にかまってあげる時間がありません。弟を産んだ前後に私はしばらく入院していたのですが，家に戻ってから余計に落ち着きがなく悪いことをする回数が増えました。こういうのも赤ちゃん返りの1つなのでしょうか？　もっとかかわってあげた方がいいのでしょうか？

●親の様子と面接の方針

　母親は身体的にも精神的にもひどく疲れている印象です。弟の出産の際に入院したとのことで，もしかしたら現在も体調が万全でない状態で家事と3人の子どもの育児をこなしているのかもしれません。「赤ちゃん返り

なのだろうか？」「もっとかかわってあげた方がいいのだろうか？」と思う反面，子どもに十分かかわる時間がもてない申し訳なさや焦りがうかがわれます。

家庭の状況から子どもにかかわれる余裕のない親に対しては，新しいことをアドバイスするのではなく，まず，現状のかかわりの中で親なりに工夫していることや気をつけていることを見つけ，ねぎらったり認めたりすることを心がけます。そして，負担をあまり増やさずにできることや少しだけ工夫すればできそうなことを一緒に考えていきます。

困った行動の対応についてアセスメントし，家庭での支援を考えていく際に，第2章「3．行動のアセスメント」（P.58～P.75）を参考にしてもよいでしょう。

●アセスメントと支援のポイント

1) 家庭状況と親の健康度

きょうだい児の月齢がまだ小さい，人数が多い，きょうだい児にも発達障害がある，また，親自身の体調がよくないといった場合，当然のことながら相談の対象である子のみに重点的にかかわることは難しくなります。家庭でのかかわりについて検討する際，対象児の発達レベルや行動アセスメントだけではなく，1日のどの時間帯なら比較的余裕をもってかかわれるか，他のきょうだい児や親の体調との兼ね合いも踏まえた助言が必要です。

子どもの身辺自立，行動面，好きなものについて聞き取りながら，きょうだい児の育児の負担度やきょうだい関係，父親や祖父母からの支援の程度も確認します。たとえば，父親が夜勤の仕事をしているなど，母親が援助を求めても協力できないこともあります。その場合は，祖父母に月1回数時間でも子守をお願いできないか，子育てサポートのサービスを利用できないか，など育児負担の軽減を母親とも検討していきます。聞き取りの際は，「寝るときにいつも添い寝をしているんですね？　お母さんも疲れておられるでしょうに，よく頑張っていらっしゃいますね」「お風呂はお母さんと二人で入るのが決まりなんですね。○○くんすごく嬉しいでしょうね」と，現状での親のかかわりをねぎらうことばかけを意識します。時

間や精神的な余裕がない場合，何か新しいことを取り入れるという視点よりも，毎日の生活における「ご飯を食べさせる，着替えをさせる，寝かせる」の手助けで十分かかわれていることを評価し，「今できているかかわりが続けられるといいですよ」という現状維持の視点で相談を進めます。

2）困った行動の具体化・起こりやすい状況

　落ち着きがなく動きの多い子に「そんなことはやめなさい」「いつも言ってるじゃない」と叱っても，何をどうすればいいのか自分で正しい振る舞いを学ぶことは困難です。どんな行動を減らしたくて，どんな行動が増えればいいのか，かかわる大人側が具体的な見通しをもつことで，子どもの行動をむやみに制止する，叱りすぎることが防げます。

　落ち着きのない様子として，この事例では「勝手に家から飛び出そうとする」「高いところに上る」という行動が挙げられています。親からたくさんの困った行動が挙げられた場合は，生活の中でよくみられる（頻度が高い）行動について，1つか2つくらいに絞って話をする方がいいでしょう。起こる頻度が高いということは，その分日常の中で観察の機会が多く，取り組みの成果もみえやすいからです。

　そして，その行動が起こりやすいきっかけを探していきます。具体的な場面を振り返りながら，どんな活動をしている（していない）とき，だれがかかわっている（かかわっていない）ときに起こりやすいのかを考えてもらいます。曜日や時間帯，体調による起こりやすさの違いもあるかもしれません。この事例であれば，「勝手に家から飛び出す」のはお母さんが弟の世話をしていてかまってもらえないときかもしれませんし，夕ご飯を食べてお風呂に入るまでの少し暇な時間帯に多いかもしれません。困った行動が起こりやすいきっかけがいくつかわかれば，起こさせないためにはどんな工夫ができるのかという予防的対応のヒントが得られます。

3）親の対応の仕方

　困った行動が起こるきっかけ探しとあわせて，子どもが行動を起こした後で周りの人がどんなふうにかかわったのか，困った行動を起こしたことで子どもにどんな結果がもたらされたのかを確認していきます。たとえば，

子どもが「勝手に家から飛び出す」と家族が後を追いかけていくためさらにふざけて走り回ってしまう，もしくは，厳しく叱られるとすぐに謝りしばらくは泣いているが，他のことに気がそれてまたすぐに遊び始める，といったことを振り返ります。前者の場合は，「家から飛び出す」ことで家族からのかかわりが得られてしまっている点が今後改善すべきポイントとなりそうです。また，後者の場合は，叱責に対し謝れば解放されることは身についていますが，どうして叱られたのか，どうすればよかったのかは学んでいないのかもしれません。このように，子どもがとった行動の後に何が起こり，子どもにとって何が好ましい結果となっているのかを見つけることで，困った行動が繰り返し起こる原因をつかむことができます。

4）うまくいく場面

　落ち着きがなく，叱られるようなことばかりする子どもの場合，悪いことをして叱られることはあっても，いいことをしてほめられる機会は少なくなってしまいがちです。ですが，1日中困った行動ばかりしているわけではなく，そのときにするべきことを普通にしている，大人の指示に沿っている場面もたくさんあるはずです。「いつも〜をすると言われましたが，では昨日の日中もありましたか？　その前は？」と困った行動をしなかった場面を探し，どうしてせずに済んだのかを振り返ります。別の遊びをしていたから家から飛び出さなかった，飛び出す前にこちらから声をかけたなど，困った行動をしなくて済むための工夫をみつけていきます。

　また，「勝手に家から飛び出す」「高いところに上る」といった困った行動の「替わりにしてほしい行動」や，「今できていることで，もっと増やしたい行動」など，ポジティブな行動についても明確にしていきます。困った行動を減らすためには，その行動に直接働きかけるという方法だけでなく，してほしい行動を増やすという方法もあるからです。たとえば，ブロック遊びをしているときはわりと長い時間一人で遊べる，ということであれば，暇をもてあまして家から飛び出してしまいやすい時間帯にブロックを見せて遊びに誘うなど，家庭での工夫について助言できます。

3．かんしゃくがひどい

事例A　1歳10ヶ月の男児（診断なし）

ことばはまだ出ておらず，「あーあー」「ぶー」といった声を出すだけです。1歳半健診で保健師さんからことばが遅いと言われ，発達相談を勧められてきました。今一番困っているのは，かんしゃくがひどいことです。思い通りにならないとひっくり返って大声で泣き叫んだり，床や壁に頭を打ち付けたりします。家では泣いてもしばらくは放っていることもありますが，外だと周りの目も気になるので子どもの思いを通してしまうことが多いです。まだ小さいので，大人が子どもの思いに沿った方がいいのか，放っておいた方がいいのか，かんしゃくを起こしたときにどのようにかかわればいいのか迷っています。

●親の様子と面接の方針

　1歳半健診でことばの遅れを指摘され相談に来た親ですが，今一番気になっていることを尋ねたところ，かんしゃくへの対応が挙げられました。親なりに試行錯誤しながらかかわっていますが，今の対応の仕方でよいのか迷いをもっています。「かんしゃくを起こした時どのようにかかわればいいのか」が困りごとの中心で，かんしゃくが起こるきっかけにはあまり注目していないのかもしれません。

　面接を通して，親が子どものかんしゃくに対して落ち着いてみられるようになることや，対処できるようになることをねらいます。かんしゃくが起きやすいきっかけや，子どもの行動がなぜ強化されているのかを探り，事後対応だけではなく事前の予防策も考えます。また，言葉の遅れ以外に発達面で気になる様子がないか確認します。かんしゃくの対応については，特に，第2章「3．行動のアセスメント」（P.58～P.75）を参考にするとよいでしょう。

●アセスメントと支援のポイント

1）かんしゃくが起こるきっかけ

まずは，かんしゃく・自傷行動を起こしやすいきっかけについて，どんな時間帯に，だれがかかわっていて，どんなことをしているとき，何がきっかけとなって起こるのかといったことを確認していきます。「こういうときはかんしゃくを起こしやすい」という見当がついていれば，かんしゃくを起こさずに済む「予防のための対策」を考えることができ，親自身も見通しをもって対応することができるからです。この事例であれば，「思い通りにならないとき」というのは具体的にどういうときなのか聞いていきます。たとえば，「一人で遊んでいて型はめがうまくはまらないとき」であれば，一人でもできるもっと簡単な玩具を用意したり，できるだけかんしゃくに至る前に手助けしたりすることで，うまくできないときは大人に助けを求められるよう促します。また，「ショッピングセンターのゲームコーナーに行こうとして止められたとき」であれば，できるだけゲームコーナーが見えないルートを通るようにする，お菓子を手渡す，別の好きなもので気をそらすといった方法も考えられます。

2）対応の仕方とかんしゃくの内容・程度

かんしゃくを起こすきっかけとあわせて，子どもがかんしゃくを起こした際，周りがどのように対応していて，かんしゃくを起こしたことによって子どもにどんな強化子があったのかも確認します。「子どもの行動の強化子」とは，注目の獲得（かんしゃくを起こしたことで大人にかまってもらえた），要求（欲しい物がもらえた，やりたいことができた），回避（やりたくないことをやらなくて済んだ）などが考えられます。

また，「しばらく放っている」とどうなるのか，どの程度の時間でおさまるのかも確認したいポイントです。頭を床などへ打ち付ける行為に対しては，頭を保護する必要がありますが，放っていれば5分程度でおさまって機嫌が直るというのであれば，危険がないように見守りながらもかんしゃくが収まるまでかかわらないようにすることは有効と考えられます。ただし，この事例のように「周りの目も気になる」という親の場合，その場

で何もせず見守ることは難しいかもしれません。その場合には自傷行動を起こさなくて済むような予防の対策を中心に考えます。たとえば，ショッピングセンターに行った際，かんしゃくを起こせばプレイエリアへ行けることが子どもにとっての強化子になっている場合，プレイエリアが見えない場所へ移動して，完全にかんしゃくが収まるのを待ってからお菓子を与えたり，好きなおもちゃを手に持たせたりして気をそらせるなど，親が取り組めそうなことを一緒に考えます。

3）ASDの症状について

　発語や指さしがみられない，視線が合わず大人からの働きかけが入りにくい，また儀式的な行動への固執や特定の刺激や場面へのこだわり，反復的行動を好む，感覚の過敏性や鈍感さなど，ASDの症状も疑われる場合は特に，専門の医師との相談や早期療育をタイミングをみながらすすめていきます。適切なコミュニケーション手段を早期に身につけないと，自傷によって自分の要求を通したり大人の注意を引いたりすることがコミュニケーションの主な手段となってしまい，学齢期になると自傷行動がさらに強固かつ多様化することもあるからです。にぎやかな場所や特定の音・予期しない音が苦手，食事の際に口や手が汚れるのを極端に嫌がるなど，感覚過敏の症状がうかがわれる場合，生活全般にわたって親のかかわりの負担度は高くなります。また，睡眠の様子（起床・就寝のリズム，寝にくかったりちょっとした物音で起きてしまったりすることがないか）や偏食（限られた物しか食べようとしない，特定の食感を嫌がるなど）についても聞き取りを行います。

　たとえば，新奇な場面や環境の変化が苦手なため，泣き叫んで不安を訴えているという場合であれば，その行動が生じる前に好きな玩具やお菓子，ジュースで気を紛らわせて「やりすごす」経験を積んでいくことも必要です。ここでもやはり，かんしゃくや自傷が起こるきっかけと結果を具体的に細かくみていくことが大切です。

4）自傷行動に関して

　1～2歳代の子どもであれば，思い通りにならないとき「大声で泣

叫んで怒る」「ひっくり返って泣く」といった様子はよくあることですが，この事例で気にしないといけないのは「床や壁に頭を打ち付ける」という自傷行動がみられる点です。軽くコツンとぶつけて気を引くといった程度ではなく，ゴンゴン音がするくらいの力で繰り返し頭を打ち付けている場合は，脳機能の発達を阻害する危険性があり，早急にやめさせる必要があります。布団の上など安全なところに連れていく，頭の下に座布団を敷く，または，場所を移動して気持ちを切り替えさせるといった家庭で実行可能な具体策を考えます。

　自傷行動に絞って考えると，要求が通らなかったなど，いわゆるかんしゃくの場面以外でもみられるかを必ず確認します。たとえば，大人がかまっていないときに自傷をする（注目の獲得），お風呂やトイレなど嫌いなことを促すと自傷をする（回避），特に大人が見ていなくても一人で自傷をしている（感覚刺激の獲得）など，要求以外の機能がないか聞き取ります。特に感覚刺激の獲得の機能を有する場合は根強く続くことが多いので，早急な対応が望まれます。1つの方法として「本人に害のない別の行動に替える」というものがあります。太鼓をたたく，マッサージ機を触るなど身体に刺激を与える，もしくは小さなビーズを器から器に移す・紙を破るなど，子どもの好きな感覚遊びのレパートリーを広げ，自傷のように身体を傷つけることのない暇つぶしの方法を教えるということです。

事例B　3歳7ヶ月の男児（診断あり）

　自閉スペクトラム症と診断を受けています。保育園の先生からは，入園したころと比べて落ち着いてきたし，集団での活動に参加できることも増えたと言われました。でも家庭では，思い通りにならないと大声で怒って周りにある物を投げたり，注意した大人を叩いたり蹴ったりします。人を叩いたときは「叩いたら痛い」ということをわからせるため，子どもの手を叩くようにしています。夫は子どもがかんしゃくを起こすと，もっと厳しくしつけるよう私に言ってきますし，兄2人もそうやって育ててきたので……。ただ，はじめのころは1, 2

度叩けば泣いて収まっていたのですが，最近は効かなくなってきて余計に叩き返してくるようになりました。今のかかわり方を続けていて大丈夫なのでしょうか？

●親の様子と面接の方針

　子どもがかんしゃくを起こして人を叩いたとき，大人が「子どもの手を叩き返す」という対応は適切なかかわり方とはいえません。しかし，親がそのような対応に至った経緯には，子どもがかんしゃくを起こすと夫から「もっと厳しくしつけるように」と責められてしまうこと，また「兄のときはそれでうまくいった」という経験が背景にあるようです。はじめは効果があったものの，子どもがかえって反抗的になってしまったことで，今のかかわり方に疑問も感じています。

　誤ったかかわりであることは伝えなければいけませんが，まずは，親の思いを聞き取りながら，不適切なかかわりにつながっている生活環境，背景，これまでの経緯を把握します。そして，親が家庭で実行できそうな代替案を提案する必要があります。

●アセスメントと支援のポイント

1）きっかけ，周囲の対応

　家庭の中でどんなときにかんしゃくを起こすのか，周りがどう対応し，本人にどんな結果がもたらされたのか，という点について具体的，客観的な情報を集めていきます。まずは，「一番最近起きたかんしゃくは，いつでしたか？」「今お母さんが具体的に思い出せる場面はありますか？」と場面を限定し，①それは何をしているときで・だれがかかわって・何がきっかけで，②どんなふうにかんしゃくを起こし，③それに対しだれがどんなことばをかけて・何をして・結果本人はどうなったのか，といったことについて振り返ります。

　その振り返りの中で，1日のどんな状況でかんしゃくが起こりやすいか，子ども側だけではなく親自身が置かれている状況や気分（時間がなく焦っている，体調が悪くイライラしているなど）の影響について聞き取ります。

そして,「朝の支度のときなど時間がなく焦っているときはお母さんもイライラしやすく,叩いてしまうことがあるのですね」というふうに親自身の気分や行動の気づきも促していきます。また,同じ場面でかんしゃくを起こすのではなくどんな行動をとってほしいか,比較的かんしゃくが早く収まることはないか(子どもの手を叩かないで済んでいる場面はないか)についても確認します。

2)親の思い

　かんしゃくを起こして人を叩いた子どもに対し,「手を叩いて痛いということをわからせる」という対応は子どもにとって不適切なかかわりといえます。事例のようにはじめは効果があるかもしれませんが,軽く叩いた程度では次第に効果がなくなりもっと強く叩く,というふうにエスカレートしていく危険性があり,虐待につながる恐れもあります。また,叩いて叱るだけでは,子どもはかんしゃくの替わりとなる適切な行動は学べないままです。しかし,親のかかわりが「間違っている」ことを直接指摘すると,親としては自分なりに頑張ってきたかかわりを否定された,責められたという思いになり,今後どのように子どもとかかわればいいかという相談へつながりにくくなってしまいます。どうしてそのような対応をするに至ったのか,その対応を親自身はどうとらえているのかという背景の聞き取りを大切にします。そして,上述の1)で挙げたかんしゃくのきっかけや対応を確認しながら,今やっているかかわりは効果があったのだろうか,このかかわりを続けていくとこの先どうなるだろうか,という親自身の振り返りを促します。事例の親の場合であれば,「お母さんも,今のかかわりを続けていいのだろうかと不安に思われているのですね。では,叩いて教えるという方法以外で,家庭でできそうなことを一緒に考えていきませんか」というふうに継続的な相談を勧めます。また,助言したことが家庭でどの程度実行できるかどうか見立てる視点をもち,母親の育児ストレスや精神状態(うつ傾向など),身近に相談できる相手の有無についても話の中で確認していきます。

3）子どもの特性の理解

この事例の親はすでに，子どもが ASD に当てはまると診断を受けています。よって，ASD の一般的な特性を理解することから，対応について学んでいただくことも必要でしょう。まず，子どもの特性について今まで親がどのような説明を受けてきたのか，どのように理解しているのかを確認していきます。来談している母親だけではなく，他の家族，特に父親の理解度についても聞き取り，今後子どもの特性理解について振り返り話をする際に，父親も一緒に相談に参加してもらうことが可能かどうかも検討します。

4）落ち着いて過ごせる時間や活動，親自身の強み

家庭でかんしゃくが多いといっても1日中かんしゃくを起こし続けているわけではないはずです。「夕食後の時間帯にかんしゃくが多いということでしたが，どうして昨日の夜は怒らずに過ごせたのでしょうか？」「○○くんはボール遊びが好きなのですね。お母さんとボールで遊んでいるときもかんしゃくを起こすことはありますか？」というふうに尋ねながら，どんな時間帯，どんな活動をしているときには機嫌よく過ごせるのかを探していきます。事例のように子どもに対し適切ではないかかわりをしている親に対しては特に，子どもがかんしゃくを起こさないで済んでいる場面，親が適切にかかわっている場面を取り上げ，まずはそれが維持されることをねらいます。今までの対応の仕方を変えるよりも，落ち着いて過ごしているときに意識的に声をかけることや，親と一緒に楽しく過ごせる時間を増やすことの方がより取り組みやすいからです。

その際，「昨日はお母さんと一緒にお菓子を作ったのですね。楽しく過ごせたからかんしゃくもなかったのでしょうね」「1時間もサッカーに付き合ったなんてすごいですね！ お母さん体力ありますね」というふうに，料理が得意，身体を動かすのが好き，絵を描くのが上手など，親の得意なことや強みについてもフィードバックします。親自身が好きな活動の方が，子どもと一緒の時間もより負担が少なくかかわることができ，続けやすいからです。

4．友だち・きょうだいとうまく遊べない

事例A　3歳8ヶ月の女児（診断なし）

ことばが遅く，1歳半健診の後から保健センターの親子遊びの教室に通っていましたが，保育園に入ったので必要ないと思いやめました。半年に1回の発達相談は受けていて，「遅れはないけど得意・不得意がある」と言われています。保育園のお迎えのとき，一人ぽつんと遊んでいることが多く気になります。園の先生には皆と同じ遊びに誘ってもらうようお願いしているのですが，輪に入ってもすぐに抜けてしまうようです。保育園の他にも，音楽教室や体操教室に通わせて同年代の子どもと触れ合う機会を増やした方がいいのでしょうか。インターネットで「ソーシャルスキルトレーニング」という訓練があると知ったのですが，ここで受けられますか。

●親の様子と面接の方針

家庭以外の場で子どもに「訓練」を受けさせたいという思いが強い親です。未診断ですが，発達上のつまずきには気づいていて，皆と同じようになってほしいという焦りや不安が感じられます。継続的に発達相談のフォローは受けていますが，保健センターから勧められた支援の場は子どものニーズ（友だちと遊べない）には合っていないと感じたのかもしれません。

面接では，子どものどんな発達特性から対人面のつまずきが生じているのか改めて確認します。その際，親が希望するような訓練が必要か，必要な場合にはどこで受けるかということを第一に面接を進めるのではなく，まずは，いまの子どもの発達特性と今後どんな力を伸ばしていくとよいかということを親と一緒に整理することを心がけます。相談では，家庭の中で取り組めることを提案していくことも大切です。

●アセスメントと支援のポイント

1）全体的な発達および遊びの発達段階

　発達相談で行ってきた検査の結果や親からの聞き取りなどで，子どもの全体的な発達の様子をアセスメントします。大切なのは，検査の数値など客観的な情報だけを知ることではなく，「親自身が子どもの発達をどのように理解しているのか」ということです。遊びの様子については，普段だれとどんなことをして遊んでいるのかを親から聞き取ったり，相談場面で一緒に遊びながら観察したりすることで，子どもの遊びの発達段階をアセスメントします。現状で子どもの全体的な発達および遊びの発達がどの段階にあるのかによって，どんな遊びを促していくのがよいかという目標も異なるからです。

　また，事例のように訓練志向の高い親の場合，家庭で子どもとどんなふうに遊んでいるのかを聞き取る中で，子どもとの時間が取りにくい，子どもがかかわりにくくうまく遊べない，どんな遊びをすればいいのかわからないなど，親が外部の支援に頼りがちになる背景についても推測します。聞き取りの際には，大まかな月齢ごとの遊びの発達の指標をイメージしながら聞き取ることが大切です。

　たとえば，事例のように3歳半くらいの子どもであれば，仲のよい特定のお友だちができ，その関係の中で物の貸し借りや順番交替などができる段階といえます。遊びの内容も，たとえばおままごと遊びであれば，2歳代の単純な見立て（ふり）遊びから，ストーリー性のあるごっこ遊びへと広がっていく年代です。しかし，事例の女児は，ひとり遊びから他児とかかわる遊びへと発展するところでつまずいています。よって，まずは子どもの好きな遊びを介して大人と一対一で遊べることを目標にし，大人をモデルに物の貸し借りや順番交替を練習できるといいでしょう。それが続けられるようになったら次は比較的おとなしいタイプのお友だちを1，2人程度交えて遊ぶというふうにスモールステップで目標設定できるよう，親との相談の中から取り組めそうなことを探します。

2）同年代の子どもへの興味・関心（社会性の発達）

自分から他児を遊びに誘うといった積極的なかかわりはもてなくても，「子どもが集まっている方へ近づいていく」「他児が遊んでいる様子に関心をもつ，遊びを真似る」といった様子があるか確認します。特にASDの子どもの場合，一緒に遊びたくても輪に入れないというよりも，そもそも他児への関心が薄く興味関心の幅が狭いため遊びが共有できない場合が多いからです。この事例についても「他児の輪に入れられてもすぐに抜けてしまう」という様子から，同年代の子への関心の希薄さもうかがわれます。好きな遊び方が周りの子とは異なる場合，無理に輪の中へ入れられても本人にとって楽しい活動とはなりません。まずは，ひとり遊びもしくは大人と一対一である程度続けられる遊びのレパートリーを増やすなど，スモールステップで遊びの指導が必要になります。

玩具を使って遊ぶことも難しく，感覚的なひとり遊びに限定されている場合は，「大人を介さないと楽しめない遊び」を取り入れていくことが目標の1つになります。大型遊具や身体を使ったダイナミックな遊びの中にかかわり遊びを入れていくといいでしょう。たとえば，ASDの症状が明確で知的な遅れも伴う場合，「滑り台を滑ったら下で待っている大人にくすぐってもらえる」という遊びを通して，大人を引っ張って滑り台まで連れていく，「1，2，3，出発！」の合図を待ってから滑り出す，視線をあわせる（合図やくすぐりを期待して顔を見る）など，対人コミュニケーションや簡単な遊びのルールを取り入れることもできます。

3）本人が好きな遊びのレパートリー

家庭や公園などの遊び場で子どもがよくしている遊びのレパートリーを聞きます。ひとり遊びであっても，そこから他者とのかかわりがもてる遊びに広げられないかイメージしながら聞き取ります。本人のレパートリーにない遊びを新たに提案しても，家庭で実践することは難しいので，あくまで今興味をもって遊んでいることから1ステップ進めることを考えます。たとえば，おままごとの野菜を包丁で切る作業を一人黙々とやっている，という子どもであれば，「トントン，切れたね〜！」と作業にあわせて少し大げさにことばかけをしたり，鍋に入れてかき混ぜる，フライパンで焼くな

どのモデルをやって見せたりする．ぬいぐるみを大人が動かして食べる真似をするなど，単純な繰り返しのふり遊びへと発展させることができます。

事例B　5歳8ヶ月の男児（診断あり）

　自閉スペクトラム症と診断されています。幼稚園での集団生活は落ち着いてきて，友だちとのトラブルも目立たなくなってきました。ですが，家庭では1歳下の弟とゲーム機をめぐってのケンカが激しく，どちらかが泣くまで叩いたり蹴ったりします。2人で仲良く遊ぶよう繰り返し約束させても変わりません。私もイライラしてしまい，つい大声でどなってしまう毎日です。幼稚園の先生に話すと「園ではお友だちと仲良く遊べていますよ」と言われました。園でできていることがどうして家ではできないのでしょうか。私の叱り方が間違っているのでしょうか。

●親の様子と面接の方針

　「繰り返し約束をさせる」など，親なりに弟と仲良く遊べるよう働きかけはしていますが，効果がみられず親自身もストレスを感じているようです。園では友だちと仲良く遊べているのに，同じことがどうして家庭ではできないのか疑問を感じています。

　園と家庭では遊びの種類や相手など環境が大きく異なります。どんなときケンカになりやすいのか，ルールを理解する・守るなど遊びに必要なスキルがどの程度身についているのか，子どもの実態を把握します。それを踏まえて，ケンカになったときの叱り方ではなく，ケンカにならないための事前の工夫を考えます。

●アセスメントと支援のポイント

1）家庭および園での遊びの様子

　どんな遊びをしているときが多いか，大人が近くにいるときといないと

きの違いはあるか，家庭でどんな状況のときケンカになりやすいのか，また，ケンカが起きた後，周りがどのように対応していて，どのように収束するのかを詳しく聞き取ります。反対に，どんな活動（遊び）をしているときはケンカになりにくいか，という点も聞き取りのポイントになります。また，園ではうまく遊べているということであれば，園でお友だちとどんな遊びをしているのか，家庭との違いも確認します。

　事例のようにASDの特性がある子どもの中には，「相手にあわせて遊ぶ」ことが苦手な子どもが多く，自分なりの「マイルール」を通そうとするためトラブルにつながってしまいがちです。

　特にこの事例ではゲーム機で遊ぶことに興味・関心が高すぎて，園ではできている遊びのルールが守れなくなっていることも考えられます。基本的な遊びのスキルは有していても，本人にとってこだわりの強い遊びに限ってはトラブルになってしまうという場合もあるので，聞き取りの際に注意が必要です。具体的な状況を振り返ることで，子どもがどんなところでつまずいているのかを知り，対応のヒントを得ることができます。

2）遊びにおけるコミュニケーション・スキル

　他者との遊びの中で「これ貸して」「ありがとう」「いいよ」など，ことばでのやりとりがどの程度できているかをアセスメントします。できれば子どもと実際にかかわる中で働きかけに対する反応や自発的な発言の有無をみます。知的な遅れのないASDの子どもの中には，言語能力は高くても相手の反応をうかがったり，状況を読み取ったりすることが難しいため，遊びにおいても適当なことばが使えていないことがよくあります。相手が手に持っていない物は使っていないと判断し無断で取ってしまう場合もあれば，「これ使っていい？」と聞かれたことに気づかず後で「勝手に取った！」と怒ってしまう場合もあります。基本的なやりとりのことばが身についていない場合は，「貸してほしいときには『貸して』と言って，相手が『いいよ』と言ったら使う」など遊びの中で必要な言語スキルを大人がモデルを見せながら練習していく必要があります。

　遊び場面に限らず，社会性につまずきのある子どもたちの中には，声をかけている相手の方を見ない，聞こえているのにしつこく繰り返さないと

返事を返さない，「○○貸して」と声をかけたとき無言で渡してくるなど，相手からのメッセージを受け取ったというフィードバックが明確にできない様子がよく見受けられます。普段の生活の中から，話している人の顔を見る，声かけに対して「うん」と返事をするといった反応を丁寧に促していくことが望まれます。

3）子どものルール理解の程度にあわせて伝えているか

　家庭の中で「おもちゃで遊ぶときのルール」「ゲームをするときのルール」など，遊びのルールをどのように伝えているのかを聞きます。また，遊び場面に限らず，日常生活の中で「お買い物のマナー」「病院での待ち時間の過ごし方」など守ってほしいことを子どもに伝えるときに親がどんな方法を使っているのか，今までの経験でうまくいったこと，いかなかったこと両方を振り返ってもらいます。

　ASDの子どもは言語能力が高くても曖昧なことばは理解しにくいことが多いです。事例の親のように「仲良く遊ぶように」と言うだけでは，どんなときにどうすればいいのかは学びにくいといえます。心理検査や観察から得られた子どもの認知特性も踏まえて，どのような方法で約束を伝えれば子どもにとってわかりやすく，遊びの中でも自分で気づくことができるのか，どれくらいの目標であれば守れそうかを一緒に考えます。

ケンカになったときどう収めるかではなく，できるだけケンカにならないよう，ほめる機会をつくれるようにどうやって子どもとルールを共有するのかがポイントです。たとえば，1つのゲーム機を弟と交代しながら遊ぶ際ケンカになってしまう場合であれば，タイマーなどを使って事前に時間の約束をしておきます。また，ゲームの対戦で負けると怒って手が出てしまう場合は，「負けたときは『もう1回やろう』と弟に言う」「負けてイライラしたらお母さんとお話する」というような対処方法を子どもと一緒に考えて紙に書いておくといったことです。

　さらに大人が間に入りながら，きょうだいが一緒に楽しめる遊び，たとえばカルタ取りや絵あわせ，すごろくのように始まりと終わりが明確で，簡単なルール（順番を待つ，役割を交替するなど）が学べる遊びをやってみることも提案できます。勝敗へのこだわりが強い子どもの場合は，事前の約束とともに，短いターンで終わるように少ない枚数から始めるといった工夫もできます。

コラム　きょうだいへの支援

　発達障害のある子どものきょうだいにとって，障害のある同胞(本人)とのかかわりは，彼らの成長発達にとって大きな影響力をもっています。きょうだいの心理的成長過程は，同胞の障害の種類や重さ，年齢の上下やその差，性別といった要因だけでなく，親の理解や接し方にも大きく影響を受けます。発達障害は，他の障害に比べ，知的障害を伴わない場合は特にわかりにくく，きょうだいが幼い場合はさらに理解が困難になります。親の役割としては，きょうだいの成長に沿って彼らの心理を理解しながら，同じ自らの子として接し子育てしていくことになります。幼児期では特に，きょうだいトラブルの中で，障害のないきょうだいが叱られたり，注意されたり，我慢させられたりする機会が多くなるかもしれません。また親もそのことに気づき，自分自身を責めてしまっていることもあります。きょうだいの子育てについても，親の大きな悩みの1つになる場合があります。そうした親の心情に寄り添いながら，きょうだいの心理やその接し方について一緒に考えていくことが大切です。

5．集団行動ができない

事例A　4歳2ヶ月の女児（診断あり）

　2歳半のとき，知的な遅れのある自閉症と診断されました。運動面もことばも発達は遅いですが，私なりに構造化の勉強をし，家庭では絵や写真のカードで伝えるとスムーズに動けることが増えました。先日，幼稚園で個別面談があり，新しい担任の先生とお話ししたところ，「お片付けや着替えなど毎日していることでも行動が遅く，周囲から遅れる」ということでした。先生からは，「自分でできるのにやろうとしない。お家でお母さんが手伝いすぎていませんか？」なんて言われたのですが，家ではお片付けも着替えもちゃんと自分でできます。どうして幼稚園ではできないのかわかりません。

●親の様子と面接の方針

　構造化の勉強をし，家庭の中で絵・写真カードを活用している親です。親が言う「ちゃんと自分でできる」は，構造化や視覚支援など「配慮された環境があればできる」状態なのかもしれません。また，新しい担任の先生に替わり，まだ親と先生の間で十分に情報交換ができていない様子もうかがえます。さらに，先生から親への「お母さんが手伝いすぎでは」という発言が，「家ではできているのに」という否定の気持ちや，園のかかわりに対する不信感へとつながっているようです。

　感情的な責任論にならないよう，親の思いをよく聞き取り，子どもの状態も整理したうえで，園との連携の取り方や家庭で取り組めそうなことを親に提案します。

●アセスメントと支援のポイント

1）家庭や園でできていること・いないこと

　この事例のように，運動面を含めて全体発達が遅れている子どもの場合

特に，ボディイメージの乏しさや手先の不器用さも影響して，衣服の着脱や大便の後お尻を拭くといった動作がうまくいかない場合があります。具体的に様子をアセスメントする中で，「できるけれどやろうとしない」という動機づけの低さが問題なのか，「それをやるスキル自体がまだ身についていない」「視覚的な手がかりがないとやることがわからない」など求められていることが子どもの現状と合っていないのか，もしくは「周りに気がそれて今していることが中断してしまう」という注意集中の弱さが影響しているのか，というふうに，つまずいているポイントを想定します。それによって家庭での取り組みで重きを置くポイントや園へ伝えることも変わってくるからです。

　親が「家では自分一人でできている」ととらえていることでも，実は親が知らず知らずのうちに声かけや手助けをしている可能性もあります。場面が変わるとできたりできなかったりすることは，知的に遅れのある幼児の場合よくみられることです。家庭ではどんなことができていて，どんなことは手助けが必要なのか，また，園の先生から聞いた集団生活でできていること・いないことを確認していきます。その際，「何ができていないか」ばかりを聞き取るのではなく，「トイレは声をかけなくても一人でちゃんと行けるのですね」などと，子どもができていることや，親がうまくかかわっていることもフィードバックするよう心がけます。

2) 園でのサポート体制と親との連携

　身のまわりのことがゆっくりで集団から遅れてしまうという子どものつまずきに対し，園ではどんな人的資源があり，どのような支援をしているのか，親がわかる範囲で確認します。クラスの子どもや担任の人数，補助の先生がいるか，クラスの規模やマンパワー，構造化や視覚支援の有無といった基本情報についてです。特に，昨年度はできていたのに今年度になりできなくなってしまったという場合，教室内の構造化や視覚支援が変わってしまったことでできなくなってしまった可能性も考えられます。また，「登園後の支度に時間がかかると言われましたが，そういうときはだれがかかわっているのでしょうか」と場面を取り上げて確認します。

　1つ1つの行動がゆっくりで集団の流れから遅れがち，全体指示が理解

しにくいといった子どもの場合，その子にとってわかりやすい個別の働きかけや手助けが必要です。同年代の子ども集団の中で個別のサポートがないままだと，生活の中でさまざまな物事を学ぶ機会が損なわれてしまうからです。身体に障害がある，発達が遅れているなど，園での集団行動において個別の支援が必要な子どもに対して，担任とは別に介助員という形で人的資源を増やす場合があります。地域によって介助員の申請の手順は異なりますので，子どもへの支援について園とどのような相談をしているかを確認したうえで，受けられるサポートについての情報を提供します。

　園でのサポート体制について親に尋ねることで，園と親の間で情報交換がどの程度できているか知ることもできます。この事例でも，担任の先生が新しく替わったことで，まだコミュニケーションが十分に取れておらず，親と園とでとらえている子どもの姿にギャップが生じています。よって，園との情報共有の仕方について，家での様子の具体的な伝え方などを提案します。たとえば，「着替えのときは，自分で前後ろの判断はまだできないのですが，1枚ずつ並べて置くと自分で着ることはできます」というふうに，できないこととあわせて，「このように手伝えばここまではできる」といったプラスの伝え方を勧めます。「サポートブック」（P.101コラム参照）のように，書面で情報を整理して伝えるという方法もあります。

3）家庭でのお手伝い

　食事や排泄，着替えなど，基本的な身辺自立は可能であるという場合は，自分の身のまわりのことだけではなく，家庭の中でのお手伝いや簡単な役割ができているかを聞きます。たとえば，園から帰った後にお弁当箱を流しに持っていく，食事の際に布巾を絞ってテーブルを拭いたり，マットの上に箸やコップを並べる，汚れた物を洗濯かごに入れたり洗濯物を取り込んでたたむといったお手伝いです。

　「今お家の中で〇〇ちゃんがしているお手伝いや，決まったお仕事はありますか？」と聞き，すでにいくつか家庭の中で取り組んでいる場合は，その内容について詳しく聞き取ります。また，特にやらせたことがないということであれば，上述のようにいくつか候補を挙げながら，現状の子どもの力でできそうなこと，親もそばについて手助けしやすいものを探しま

す。料理に興味があるならかき混ぜる・皮をむくといった調理の手伝いをさせるなど，子どもの興味や関心に合ったものならより継続しやすいです。日常生活の中でお手伝いをさせたり決まった役割をもたせたりすることで，手指の巧緻性や，物事を決まった手順や空間に沿って処理するスキルがアップしたり，自立的な行動を促すことができます。

事例B　5歳2ヶ月の男児（診断あり）

保育園の年長です。知的な遅れのないASDと診断されています。家庭ではパニックもだいぶ減り，困ることは特にありません。保育園には1歳から通っていて診断も伝えているので，先生方は丁寧にかかわってくれています。以前に比べれば集団行動もとれていますが，活動によってムラがあり，気になっています。工作は好きなので，製作の時間は参加できるのですが，リズム遊びやルールのある遊びになるとその場から離れたり，机の下にもぐりこんだりするようです。来年には小学生になるので，好きではない活動も参加するようにしたいのですが，どうすればいいのでしょうか。何か家庭でできることはありますか。

●親の様子と面接の方針

主訴は園生活に関することですが，これまでも園とよく連携を取り，よい関係が築けているようです。家庭ではパニックも減り行動が落ち着いてきたため，集団参加について家庭でできることはないかと具体的な助言を求めています。子どもは年長であるため，小学校就学に向けての不安や焦りもあるようです。

親の思いを受けとめながら，まずは，子どもが活動を「やらない」背景として，障害特性や発達上のつまずきを親と一緒に探っていきます。「小学校就学に向けてどんなスキルが必要になるか」という視点をもちながら，環境調整や家庭においてスモールステップでできそうなことを提案します。

●アセスメントと支援のポイント

1）家庭での遊びの様子や指示に従う力

　前提として，親の話から「リズム遊びやルールのある遊びになるとその場から離れたり，机の下にもぐりこんだりする」という行動は，その活動に参加しなくて済むように逃れる「回避」の意味合いをもっているということに注目します。そして親には，以前は嫌なことがあればパニックを起こしていたのに，今はそうではなく「その場から離れる」という方法をとって何とかその場に適応しようと頑張っているのではないか，そしてそれは子ども自身の育ちの中では成長ともいえる，というふうに，ポジティブな見方についても伝えます。また，「回避」が生じている原因はどんなことなのだろうか，どんな支援があれば「回避」しなくて済むのかという視点をもちながら聞き取りを行います。

　まずは，親が園から見聞きしている集団での様子と比較しながら，家庭での遊びや指示理解の様子についても聞き取っていきます。遊びに関しては，人とルールを共有する遊び（カードゲームやボードゲームなど）を親やきょうだいとした際に，どの程度のルールであれば理解できるか，ルールや約束をどのように伝えていて，それを守りながら遊びを楽しめるかといった点に注目します。うまくいっている点は親のかかわりを十分に評価し，家庭で工夫していることを園の先生へも伝えていくよう勧めます。「遊びのルールはわかっていても，飽きると勝手に中断してしまう」などつまずいているところについては，たとえば，「〇回したら終わり」と前もって回数を決めておく，簡単な対戦表をつくって何回やったかをわかりやすく示す，といった事前の対応策を提案しながら，家庭で取り組めそうなことを相談します。遊びに関する家庭での取り組み方については，「4．友だち・きょうだいとうまく遊べない」の相談事例でも触れています。

　また，指示に従う力については，簡単なお手伝いや家庭の中で決められた役割ができるか，次の活動や場所の移動といった切り替えはスムーズにできるか，好きな活動を中断しないといけないときや苦手な活動をどのように促しているかなど，親が生活の中で子どもにあわせて工夫できていること，うまくいっているかかわりを取り上げます。

2）運動面の不器用さ，ぎこちなさ

　ASDの子どもの多くに運動面の不器用さ，ぎこちなさがみられます。ハサミがうまく使えない，折り紙の端と端があわせられないといった手指の微細運動から，スキップやギャロップがうまくできない，縄跳びを自分で回して跳べないなどの粗大運動まで，不器用さの現れ方はいろいろです。事例の子どもの場合，集団での遊びのルールがわかりにくいということに加えて，リズム遊びのように身体を使った運動が苦手で他児の動きにあわせられないことも1つの要因と考えられます。

　5，6歳の年長児であれば，自転車や竹馬，登り棒，跳び箱，鉄棒といった運動遊びをします。「今園でどんな運動遊びをしているか聞いていますか？」「公園ではどんな遊具で遊びますか」といった話題から，運動面についても聞き取ります。竹馬が苦手なら"缶ぽっくり"からやってみる，縄跳びは大人がもっている縄を両足で飛び越えるところから練習するなど，子どもが楽しみながらスモールステップでできること，家庭で取り組めそうなことを相談します。

3）ASDの特性（就学に向けて）

　心理検査や行動観察などからわかる子どもの全体発達とあわせて，適応を難しくしているASDの特性について確認します。たとえば，子どもの甲高い声や騒がしい環境が苦手（聴覚過敏）といった感覚の過敏さ，新奇場面への不安が高い，失敗への抵抗感が強い，勝敗や一番であることにこだわりが強いなど，状況の読み取りにくさや特有のこだわりについて確認します。そういった特性をもっている場合に，集団への参加が困難になる場合があるからです。そういった要因について共通理解ができていれば，子どもにとって負担の少ない形で，スモールステップでの集団参加を促す工夫ができます。たとえば，聴覚過敏がある場合は，騒がしい活動（楽器遊びなど）のときは別室で過ごすようにする，どうしても我慢できないときに落ち着いて過ごせるスペースを設けるなどの配慮が考えられます。また，失敗への抵抗感が強い子どもの場合は，はじめての課題は量を減らしたりヒントを多くしたりすることで難易度を下げ，なるべく失敗しないで済むような工夫をします。

加えて，地域の保健センターや民間の療育機関において，就学前の幼児を対象に集団遊びやソーシャルスキルトレーニングを行っているところもあります。就学に向けて，幼稚園よりも小さな集団での活動の中で，ルールに沿って他児と遊ぶ練習や，苦手な活動へもスモールステップで参加する機会をつくることも1つの方法といえます。

6. 身のまわりのことが自分でできない

事例A　4歳6ヶ月の女児（診断なし）

> 　3歳児健診の後から，半年に1回発達相談を受けています。前回，4歳のときの検査では，確か「全体的に1歳くらい発達が遅れている」と言われたと思います。保健師さんから「相談に来てください」と電話がかかってくるのできました。何か困っていることはないかと言われても……。特に……。身のまわりのことは大体自分でできています。……，すごく時間はかかりますけど。あと，自分でできるのに私に「やって」と甘えることが多いです。

●親の様子と面接の方針

　ことばでのやりとりがあまり得意でなく，面接中も沈黙の多い親です。「何か困ったことは？」と抽象的な質問をされると答えられなくても，具体的な問いを重ねていくと，少しずつ親の困りごとがみえてきました。半年に1回発達相談を受け，検査結果も伝えられているようですが，親自身の子どもの発達の理解は不十分な可能性もあります。

　親自身の知的な理解力や心理的な問題，もしくは社会的サポートの不足などの可能性も考えながら面接にのぞみます。できるだけ心理的な負担をかけないよう，聞き取りの仕方には工夫が必要です。親自身が話をする，考えるテンポに合わせて，具体的で答えやすい質問の仕方を心がけます。面接の中で，子どもの発達特性や今できていること，支援が必要なことを親と一緒に振り返ることを意識します。

●アセスメントと支援のポイント

1）親自身のアセスメント

　発言が極端に乏しく沈黙が続く，もしくは発言は多いが話が噛み合いにくい，表情が暗い・変化に乏しい，服装や整髪に無頓着な様子など，親自

身に何らかの問題がうかがわれる場合，子どもについて聞き取りを行う中で，親の状態や親をとりまく環境についても意識して確認するようにします。具体的には，親自身の特性や心理状態（知的障害や発達障害，うつ，不安の有無など），育児を行ううえでの社会的サポート（父親や祖父母との関係，相談できる友人の有無など）についてです。場合によっては，父親や祖父母など他の家族にも面接に参加してもらう，他機関と連携をして親の情報を共有する，親に医療機関の受診を勧めるといったことが考えられます。

2）現状でできていること・いないこと

「困っていることは何ですか」「何か相談したいことはないですか」というオープン質問では親から普段の様子が十分に聞き取れない場合，より具体的に，内容を狭めて質問するように心がけます。その際，親が子どもの様子をより想起しやすくなるように，「朝起きたらまずはトイレに行きますか？　お着替えでしょうか？　お着替えはお母さんが手伝っていますか？」「朝ご飯を食べたら，登園までどんなふうに過ごしているんですか？」と，起床時から登園までを時系列で振り返りながら，身のまわりのことがどの程度自分でできているのか，手助けが必要なのはどんなことか，1つ1つ確認していきます。

また，「今どんな様子か」を聞いても発言が引き出せない場合，たとえば「前回お話ししたときは，〜について困っているとお聞きしましたが，最近はどうでしょうか」「前回から6ヶ月経ちましたが，その間成長したなと思うのはどんなことですか。前回と同じように苦手だなと思うことはありますか」というふうに，以前と比べて子どもの状態がどう変化したか，というポイントに絞って聞き取ることも有効です。

ただし，一問一答形式にこちらから質問してばかりの面談にならないよう気をつけます。「お着替えは自分でできるのに，お母さんに『やって』と甘えてやりたがらないことに困っておられるんですね」と話を整理して親に返したり，時折オープン質問も織り交ぜたりしながら進めていきましょう。

3）発達検査からみられる子どもの発達との関連

　親への聞き取りと発達検査や遊びの中での行動観察から総合的に判断して子どもの全体的な発達の様子をとらえます。特に，親からの聞き取りが十分に行えない場合，発達検査や直接的な行動観察により発達の状態をとらえることは重要になってきます。子どものアセスメントに関しては，空間認知や協応動作，手指の巧緻性，指示理解，注意記憶といった力に着目し，生活面にみられるつまずきとの関連をみていきます。

　衣服の着脱でシャツに頭や腕を通すといった作業に時間がかかる，ボタンやジッパー，フックがうまくとめられないなど，協応動作や手指の巧緻性の幼さが身辺処理の遅れに影響していないか確認します。身辺処理のスキル自体が未獲得なため，途中であきらめたり甘えてしまったりする場合は，スモールステップでの目標設定や援助の仕方を工夫します。また，地域の病院や療育機関などで，作業療法士による運動領域の発達の評価や指導を勧めることもあります。評価でみられた子どもの運動面の状態や，箸や鉛筆の使い方，ボタンはめなど，子どもの身体特性に合った介助の仕方，用具について教えてくれます。

　継時的な処理や注意集中，短期記憶の力が弱い子どもの場合，たとえば，朝の支度において1つ1つの作業を行うスキルは持っていても，①連絡帳をカバンに入れる，②コップの入った巾着袋をカバンに入れる，③カバンのチャックを閉める，④カバンを背負う，⑤帽子を被る……というふうに，順番に沿った作業の流れが覚えられない，1つするごとに手が止まってしまう，注意が他にそれるといったことが起こりがちです。そのような子どもに対しては，活動に集中しやすい環境を整える，作業のきっかけや手順を視覚的に提示するといった工夫が必要となります。

　発達検査を行って，その結果や子どもの特徴だけを伝えられても，それが普段の生活にどう影響するのかまではピンとこない親もいます。発達検査の結果と日常生活でみられる子どもの様子を関連させながら説明することを心がけます。

4）親が求めていることは何か

　この事例の親は，子どものどんな力を伸ばしていけばいいのか，具体的

な目標設定がイメージしにくいと考えられます。子どもの発達検査や行動観察から得られた特徴を具体的に伝えながら，親のニーズを確認していきます。たとえば，面接者から「朝の支度を全部お母さんが手伝っているのなら，まずは用意された物を自分でカバンの中に入れる練習から始めるのはどうでしょう？」というように目標を提案しながら，家庭で実際に取り組めそうか丁寧に確認していきます。その際に，面接者が一方的に目標を押しつける形にならないよう，「カバンの中に物を入れる練習と，フックにかけてあるカバンを取ってお母さんに渡す練習だったら，どちらが取り組みやすいですか？」などと選択肢を提案し，親が自分で選べるようにします。実際に子どもにどう働きかければいいのかわからない様子であれば，面接者が直接子どもとかかわって見本を見せます。また，今回相談した内容は簡単なポイントだけ紙に書いて親に渡すとより丁寧です。

事例B　5歳6ヶ月の男児（診断あり）

　3歳のころから地域の療育機関で発達検査や月2回の療育を受けています。知的な遅れはないのですが，ことばの理解力が弱くASDと言われています。強いこだわりやパニックはなく，幼稚園でも他の子に比べておとなしいタイプです。困っているのは，幼稚園から帰った後弁当箱を流しに持っていく，帽子やカバンをフックにかけるなど，毎日していることでも1つ1つ声をかけないとできないことです。帰るとすぐDVDを見始め，片付けるように言っても聞こえていないのか，夕食の時間になるまでやめられません。この年ぐらいの子どもだったら，いちいち言わなくても自分でできるのが当たり前ですよね？
　もうすぐ小学生になるのに，こんなことで大丈夫なのでしょうか。大人が言わなくても自分で気づいて動けるようにするには，どうすればいいでしょうか。

●親の様子と面接の方針

　3歳から定期的な発達評価や療育を受けており，親は子どもの発達特性について概ね理解していることがうかがわれます。ですが，子どもの身のまわりの自立については，「この年ならできて当たり前だから」というふうに，同年代の子にできることが自分の子どもにも求める基準になっているようです。就学を目前にした焦りから，親が子どもに求める目標のハードルが高くなっていることも推測されます。

　子どもがどんなところでつまずいているのか，なぜつまずいているのか，子どもの発達特性と関連させながら説明していきます。そして，どのような工夫があればうまくいくのかを親と一緒に考えていく必要があります。親の焦りや不安感にも配慮しながら，子どもも親も成功体験が得られるような目標や工夫の仕方を考えていくことが大切です。

●アセスメントと支援のポイント

1）スムーズに行動しにくい要因

　声をかけないとできないということですが，たとえば家に帰り，弁当箱を流しに持っていく替わりに何をしているのか，というふうにそのときの行動を聞き取っていきます。つまり，「～をしない」替わりに「何をしているのか？」を確認します。日によって違うのでわからないという場合は，1週間ほど家庭で観察してもらい，家に帰ってから指示をしなければどのような行動をとっているか，大人がどのように指示をしていて，それに対してどんな反応がみられるかという点について，簡単な記録をつけてもらってもいいでしょう。

　大人が毎回声をかけないと動けない子どもの場合であれば，お弁当箱の写真を目につきやすいところに貼っておくなど，帰ったら何をすればいいのか子どもが自分で気づけるための手がかりを考えます。また，他のことに気がそれて行動が中断してしまう子どもの場合，玄関に帽子やカバンを入れるボックスを置いておくなど，動線が短く余計な刺激が目に入りにくいように工夫をします。このように，「～をしない」替わりに「何をしているのか」を振り返ることで，子どもがよりスムーズに行動するための具

体策を考えることができます。

2）できない／できた（できている）ときにどうかかわっているか

指示に従えなかったとき，もしくは指示に従えたときに親がどのように子どもに接しているか聞き取ります。子どもが親から強く言われれば渋々やるという場合は，やることはわかっている・できるけどやりたくないというように，動機づけの低さが考えられます。よって，「片付けをしてからDVDを観るよ」というように，何か苦手なことに取り組む際にはその後の楽しみを伝えるようにします。加えて，「片付けをしてからDVDを観る」という行動が実行できるように，DVDは親が管理し，事前に環境を整えることを勧めます。また，いつもは渋ることをスムーズに応じられたときや親が指示をする前に取り組めたときこそきちんと声をかけてほめる，といったかかわりの大切さを伝えます。

3）目標の優先順位

事例のように就学に向けて焦りを感じていたり，あれもこれもと改善したいことがたくさんあったりする場合，親は子どものできないことに注目しやすくなり，指示や注意をする機会が増えてしまいがちです。まずは何から取り組むか，目標を1つか2つくらいに絞って具体化します。また，目標は「お弁当箱をほったらかしにしない」など「～しない」の否定形ではなく，「帰ったらお弁当箱を流しに持っていく」というように「～する」の肯定形で考えるようにします。

改善したい生活スキルの中で，親のニーズを優先して目標設定する場合もありますが，できればはじめは少しの工夫で成果が上がりそうな目標を立てることが望ましいです。子どもと親両方にとっての成功体験につなげるためです。たとえば，まずは帰ってすぐにお母さんが声かけをして，カバンからお弁当箱を流しに持っていくという目標にします。その次は，声かけをしなくてもお約束の絵カードを見て自分で流しに持っていく，それがクリアできたらお弁当箱は流しへ，お弁当袋は洗濯機へ分けて持っていく，というふうにスモールステップで目標を立てていきます。その目標とする行動ができたときには，ほめることが大切であることを再確認します。

4）就学に向けて必要な支援

　親の主訴である「身のまわりのことが自発的にできない」という課題とは別に，小学校就学に向けてどういった支援が必要か，幼稚園や療育機関での支援を小学校へうまく引き継ぐために親にできることは何かといった点についても話し合っていくことが必要といえます。たとえば，この事例の子どもの場合，身のまわりのことがスムーズにできない要因の1つとして，「好きなことには過剰に集中してしまう」「次の行動への切り替えがしにくい」といったASDの発達特性がうかがわれます。そのような特性をもつ子どもの場合，小学校でも「休み時間が終わったことに気づかず教室に入るのが遅れてしまう」「図工の授業時間が終わっても工作が途中だと片付けられない」といったことが起こりやすくなります。

　家庭や幼稚園での様子で，たとえば，本人によって楽しい活動を終えて次の活動に向かわなければならないとき，「ゲームは8時までだよ。ゲームが終わったら次はお風呂に入るよ」というふうに，事前に約束を伝えているかを確認します。約束が明確ではない，特にしていないといった場合は「今から〜をしなさい」とそれをする時間になってから指示するだけではなく，前もって子どもと約束を決めておく，時間になる前に何回か予告をするなど，次の活動へよりスムーズに移れるような事前の伝え方について考えます。また声かけの替わりにタイマーをセットして，チャイムの替わりに練習をしてみるのもよいでしょう。

7. トイレトレーニングが進まない

事例A　4歳5ヶ月の男児（診断あり）

> 幼稚園に通っています。知的な遅れはないのですが、こだわりの強いところがあり自閉スペクトラム症の診断を受けています。今年の春から幼稚園に通い始めました。はじめは先生と一緒にトイレに行っていたのですが、最近になり園のトイレに入れなくなってしまいました。家に帰ると焦ってトイレに駆け込むので、相当我慢していると思うのですが……。幼稚園の先生とも相談しているのですが、強引にでも連れていくべきか、無理強いせず様子をみるべきか迷います。家では自分からトイレに行きます。また、私や他の家族と一緒であれば、外出先のトイレで用を足したことも何度かあります。また、家でおしっこはひとりでできるのですが、うんちは自分では絶対にふこうとしません。

●親の様子と面接の方針

　幼稚園の先生とはよく相談ができているようなので、親と園とで情報交換をしながら連携して取り組めそうです。子どもは、排泄行為は自立しているのですが、場所や一緒にいる人によってできるときとできないときがあるという状態です。
　家庭と園とのトイレ環境の違いや感覚過敏の特性が、トイレを嫌がる背景につながっている可能性があり、さらに詳しいアセスメントが必要と思われます。成功しやすい条件を探っていくことも大切です。

●アセスメントと支援のポイント

1）入れなくなるまでの経緯や今までの対応

　無理強いをして幼稚園のトイレに入らせることは逆効果ですが、小学校は幼稚園よりも学校にいる時間が長いですし、遠足や校外での活動の際ト

イレに行けないことは大きな困難になるかもしれません。単に様子をみるだけではなく，まずは園のトイレに入れなくなってしまったきっかけは何か，子どもにとってどんなことが嫌悪的に働いているのか，情報を整理したうえで，現状でできることを考えます。園のトイレを嫌がるようになったのはいつごろで，何かきっかけとなる出来事があったのか，園のトイレで用を足せたことはあるのか，園もしくは家庭ではどのようにトイレを促していて，子どもはどんな反応を示すのかといった点について情報を聞き取ります。

　親面接ではなかなか園での詳細な情報を把握できないこともあります。その場合は親の推測も含めて聞き取るようにしますが，親経由で園での情報が得られるように，親から園に確認してもらう項目を伝えます。

2）配慮すべきところ（感覚過敏など）

　ASDの特性の1つとして，感覚の感じ方の特異性が挙げられます。特定の感覚が過敏であると，トイレに入ることや排泄自体を嫌がるという行動につながりやすくなります。トイレに関連する感覚過敏の例として，聴覚（水が流れる音，公共トイレでのハンドドライヤーの音），触覚（ひんやりとした便座や便座シート），視覚（狭い空間，タイル，明るさ），臭覚（排泄物や芳香剤の臭い）や，便座に座ったとき地面から足が浮く，便座でお尻がむき出しになる感覚などが挙げられます。こういった特性は親も把握していないことが少なくありません。感覚の感じ方の特異性に関して具体的な例を挙げながら1つ1つ確認していきます。

　またたとえば，大便後の後始末ができない子どもの中には，汚れることを極端に嫌がる傾向があるために，自分で大便を拭き取ることを嫌がっているということもあります。大便後の後始末で手が汚れるのは，拭き取るときに使うトイレットペーパーが小さすぎる，手を後ろに回してお尻を拭く動作がうまくできていないといった要因も考えられるでしょう。少し多めに切り取ったペーパーをトイレに用意しておく，お風呂で体を洗うとき，スポンジを使って自分でお尻を洗う練習をするなど，スモールステップでの支援方法が考えられます。その際には，練習方法だけではなく，できたときにどうやってほめるか，頑張った後のお楽しみを何にするかもあわせ

て話し合います。

3）できるとき・できそうなときを探る

　事例では，「母親や他の家族と一緒なら外出先のトイレにも入れることがある」というふうに，家以外でもトイレを使用できたときのエピソードが挙げられています。このように，外出先のトイレと幼稚園のトイレの違い，外出先でトイレを促してうまくできた場合とできなかった場合とを比較してどんな違いがあったのかを確認します。2）に挙げたようなポイントとあわせて，洋式と和式の違いや子ども用の便器の有無，個室の広さ，大便は嫌だけど小便ならできるといった要因が考えられます。

　そういった情報を挙げていくことで，子どもにとって家庭以外のトイレに入りやすくなる条件を探ることができ，スモールステップでの取り組みが可能になります。

事例B　5歳1ヶ月の男児（診断あり）

　自閉スペクトラム症で，知的な遅れもあると診断されています。保育園に通っていて，同じクラスのお友だちは大体オムツが外れているのに，うちの子はいまだにトイレで用が足せません。早く自分でトイレへ行けるようにさせたいので，どうすればいいのか方法を教えてください。決まった時間に誘っても失敗するし，誘う前に出ちゃうときもあります。どのくらいの間隔でおしっこをしているのか記録を付けるといいとも言われましたが，いつおしっこするかわからないのに，記録を付けるなんて無理です。いろいろな人に相談したのですが，うまくいった試しがありません。

●親の様子と面接の方針

　もうオムツがとれてもいい年齢なのに，子どもがトイレで用を足せないことに焦りを感じているようです。いろいろなところで相談をしても納得

のいくようなアドバイスがもらえず，苛立っている様子も見受けられます。親は「どうすればいいのか方法を教えてください」と要望していますが，十分なアセスメントをしないまま安易に答えを返しても，「そんな大変なことは家庭ではできない」「やってもどうせうまくいかない」と否定的に受け取られる可能性が高いと思われます。

トイレトレーニングが過度なプレッシャーになっている親に対しては，まずは今までの経緯をよく聞き取り，頑張ってきた取り組みを認め，ねぎらうことを心がけます。親の思いや状況を踏まえた上で助言することが大切です。

●アセスメントと支援のポイント

1）どこまでできていて，何ができていないのか

「自分でトイレに行き，用を足す」という自立排泄までにはたくさんのステップがあります。まずは，現状ではどこまでできていて，もう1段上のステップはどのあたりになるか，というところをイメージしながら聞き取っていきます。

まず，トイレという場所に行くこと，入ることに対してどの程度の抵抗があるかをアセスメントします。狭い空間やスリッパ，便座カバーの感覚が苦手など，事例Aで挙げたような環境要因や感覚過敏の影響も考えられます。これらに対してはお気に入りのキャラクターを壁に貼る，便座カバーの材質を変えるなど物理的な環境調整を行ったり，「好きな動画を見せながらトイレで過ごす」などの工夫を取り入れたりすることができます。

排泄行為に関するアセスメントの内容としては，第一にはオムツが濡れて気持ち悪いという感覚があるかという点が挙げられます。つまり，おしっこをした後にもぞもぞと不快そうにする，オムツの中に手を入れるといった行動がみられるかということです。次に，トイレに行きたいという意思表示（予告）がどの程度できるかもポイントです。ことばは出なくても，お腹やお尻を叩くなどジェスチャーで伝えることもあります。また，予告はできないが，30分や1時間おきに促して一緒にトイレに行けば便器で用が足せる（定時排泄）という段階があります。

トイレ以外の場面での要求の伝え方などコミュニケーションレベルを知

ることで，トイレの誘い方やできたときのほめ方の工夫ができます。子どもの好きなものを知ることで，たとえば，便座に一定時間座っているのが難しい子どもの場合であれば，好きな歌を歌ってあげる，トイレの中だけで遊べるおもちゃやスマートフォンの動画を用意しておくといった助言ができます。運動面についてアセスメントすることで，座位姿勢の保持が難しかったり筋力が弱かったりする子どもの場合，大便時に踏ん張るのが難しくなるので手すりや踏み台，子ども用の便座を使用し安定した姿勢で排泄ができる配慮について考えます。また，用を足すときのズボンや下着の上げ下げが自分でできるかなど，援助のポイントも確認しておきます。

2）現在まで親がしてきた（している）こと

トイレトレーニングの中で，親がこれまでどのようなことを目標として，どんなかかわり・工夫をしてきたのか，また，現状ではどんなかかわりをしているのかについて聞き取ります。1）は排泄における子どもの行動のアセスメントですが，2）は親側の行動のアセスメントといえます。たとえば，「今まで別の機関でも相談されたことがあるのですか？　アドバイスを実践してみてどうでしたか？」というように，今までの取り組みについて聞いていきます。また，「外出したときはうまくいくことが多いのですね。うまくできたときは何か声かけされますか？」と，子どもの排泄が成功または失敗したときに親がどのようにかかわっているかも聞きます。

つまり，親が今までどんな情報を手がかりにして，それをどう踏まえて，どのように取り組み，結果どうなったか，という経緯について確認します。それによって，家庭での取り組みがうまくいかなかった原因（目標設定が難しい，取り組みが継続できない，うまくいったときにほめていないなど）や，結果の受けとめ方（すぐに諦めてしまい失敗経験になる，多少失敗しても気長に受けとめられるなど），親の特性や心理傾向がアセスメントできるからです。

子どもの状態をアセスメントして得られた支援目標や方法であったとしても，親側の要因によっては，家庭で取り組む際に最適な目標，方法とはならない場合があります。家庭でのトイレトレーニングの方法を具体的に助言されるよりも，他の親の体験談を聞いた方が見通しがもて，子どもに

対して気長にかかわれるようになった，という親もいます。事例の母親が言うように，トイレトレーニングの目標は「自分でトイレに行けること」ですが，発達に遅れや偏りがある子どもの場合，一度できたことがまたできなくなってしまうなど完全に自立するまでに時間のかかることが多いです。特にASDの場合，感覚過敏や特有のこだわりが影響し，トイレトレーニングがうまく進まないケースがよくみられます。

　特に，トイレトレーニングが進まないことに強い心理的負担を感じている親に対しては，「お母さんは，子どもの様子をよく観察していらっしゃいますね」「トイレに毎日連れて行ったり，嫌がるのにオムツを替えたりするのは大変ですよね。よくやっておられると思います」と，親が今まで頑張ってきた努力を十分にねぎらいながら聞き取りを行います。

3）親の希望をふまえた目標の設定

　現在，親が何を目標としているかを確認します。そして，その目標設定が現状での子どもの発達の様子やスキル，また親自身の実行可能性をふまえて適当といえるかどうかを判断します。親の思いや考えを尊重しながら，ハードルが高すぎる場合は具体的なスモールステップと練習の仕方を説明したうえで，少し手前の目標を考えます。また，子どもの特性や好きなもの・活動を挙げてもらいながら，より取り組みがスムーズに進むために使えそうな手がかりや援助の方法を一緒に考えたり助言したりします。

8．こだわりが強い

事例A　3歳3ヶ月の男児（診断あり）

> 1歳のころからことばの遅れが気になっていて，2歳のときにお医者さんから自閉症と言われました。決まったパターンへのこだわりが強くて困っています。たとえば，保育園から家に帰るまでの道順が決まっていて，途中でスーパーや祖母の家に寄ろうとすると怒ります。私を引っ張ったり大声で泣きわめいたりして，ひどいパニックを起こすんです。本を読むと「変更が受け入れにくいのも自閉症の特徴の1つ」と書いてあったので，今は無理強いしないで本人がしたいように家族があわせるようにしています。

●親の様子と面接の方針

　ASDについて本を読んで勉強しているなど，子どもの特徴にあわせたかかわりをしようと意識していることがわかります。また，「こだわりが強くて困っている」ものの，そのこだわりに対してどのようにかかわればよいのかわからない，今のかかわりで精一杯という気持ちもうかがわれます。「こだわり」と一言でいっても，問題性が高く，すぐに介入すべきこだわりと，様子をみてもよいこだわりがあります。たとえば，そのこだわりが年齢相応の行動である場合には，様子をみてもよいと思われますが，親は問題ととらえている場合もあります。

　子どもの行動や前後の状況を詳しくアセスメントしながら，どの程度問題性のあるこだわりなのか見極めていきます。介入していく場合には，予測性をもたせるために，視覚的な手がかりとして絵や写真カード，実物などを使用したり，子どもを楽しませながら「つい，うっかり」こだわりをやり過ごせる方法を一緒に考えます。

●アセスメントと支援のポイント

1）こだわりの内容と周囲のかかわり

　具体的な場面を挙げてもらいながら，だれと一緒のとき，どんな場面で，どのような行動が表れて，周りはどんなふうに対応しているのか，子どもにとってどんな結果がもたらされているのか，といった情報を聞き取ります。あわせて，「お母さん以外の家族がお迎えに行ったときはどうですか？」「怒らずにどこかへ寄り道できたことはないですか」など，こだわらずに済んだ，うまく切り替えられたことはなかったか，例外探しもしていきます。頻度についても質問してみます。寄り道しなければならない頻度が少なければ，問題性は低くなり，一旦帰宅してから迎えに行くなどの方法でやりすごすこともできるでしょう。

　ASDの子どもにみられるこだわりには，そのまま様子をみてよい・むしろ尊重しておいた方がよいものもあります。どちらに当てはまるか判断するポイントの1つは，そのこだわりが存在することで子ども自身にデメリットが生じるか否かであり，2つ目は周囲の人にデメリットが生じるか否かだといえます。たとえば，同じ順番へのこだわりでも，着替えのときに必ずシャツ→ズボン→靴下と上から下の順で脱ぎ着する，お風呂で身体を洗う順番が決まっている，といったこだわりであれば，本人にとってデメリットになる，周囲に迷惑をかける，といったことは特にないでしょう。むしろ物事を決まった順番に沿って几帳面にやり遂げられる力は，将来にわたって生かせる強みともいえます。または，はじめての場所に行った際，すべての部屋をひと通り見てまわることで安心するなど，気持ちの安定を図っている場合，無理に制止することは逆効果になってしまいます。

　しかし，この事例のように「決まった道順しか通ろうとしない」となると，家族の行動も制限され，生活上の負担が生じます。また，異なるパターンを受け入れられないことは，本人にとっても今後さまざまな物事を学んでいくうえで大きなデメリットになるでしょう。加えて，年齢的にも他のことに気をそらせやすい幼児期の方がこだわりは和らげやすいといえます。現状のかかわりを続けることで，今後どのようなデメリットが想定できるのか親に将来の見通しを伝えることも必要といえます。

まずは,「道順のこだわりは,お母さんの中で困ったことの優先順位でいうとどれくらいのところにありますか？」といった問いかけをして,親自身は子どものこだわりをどのようにとらえているのかを確認します。困り感を強くもっている親もいれば,今は落ち着いて暮らせることが第一と考えている親もおり,同じ行動であってもとらえ方はさまざまです。また,「道順を変えると家に帰ってからもずっと機嫌が悪いので,子どもの言う通りにしています」など,こだわりをなくしたいという思いはあっても,これまで子どもにあわせざるを得なかった要因があるかもしれません。そういった親の気持ちを十分に聞かないまま一方的な助言を行っても,家庭での実践にはつながりにくいです。

　加えて,「道順以外でも,決まった順番にこだわることはありますか？」というふうに,その他のこだわりについても具体的に確認していきます。もともと機嫌の悪い日はこだわるが,日によってスムーズに動けることもある,といったものや,母親がかかわるときだけぐずるがその他の家族と一緒のときはこだわらない,といった程度であれば,かかわる側の少しの工夫と意識づけで変化がみられやすく,優先して介入しやすいです。そして,親子共に成功体験を得ることで,一番困っているこだわりへも介入しやすくなります。生活の中でそのこだわりを通そうとしてぐずったりパニックになったりする頻度,場面による抵抗の強さの違い,かかわる人による違いを確認しながら,比較的介入しやすそうな行動や条件を探していきます。

2）子どものコミュニケーションレベル

　こだわりの背景には,見通しがもちにくい,ことばの理解が難しいといった発達上のつまずきが関連している場合があります。発達のアセスメントの中でも特に,コミュニケーションの様子について確認していきます。欲しい物やして欲しいことを要求するとき,どうやって伝えてくるかといった表出のスキルや,大人からの働きかけにどの程度応じることができるかといった指示理解について聞き取ります。

　特に,指示理解について確認するポイントの１つは,「これから何をするか」「今からどこに行くのか」といった活動の見通しをどのように伝え

ると理解しやすいのか，という点です。「買い物に行くよ」のことばだけでは動く様子がなくても，お母さんが外出の支度を始めたら玄関に行って靴を履こうとするなど，日常的にどんな働きかけをしていて，それに対して子どもからどんな反応が得られるのかを聞いていきます。もう1つは，活動の終わりをどのように伝えているかです。「あと1回」ということばや「10数えておしまい」といった働きかけがあると次の行動へ切り替えられるのか，もしくは物を取り上げられる，お母さんが片付けを始めるといった直接的な働きかけがないと難しいのか，といったことです。

　上述のようなコミュニケーションレベルを確認していくことによって，子どもにとってわかりやすい見通しのもたせ方を考えることができます。たとえば，絵や写真から理解することが得意な子どもであれば，保育園へお迎えに行った際，スーパーと家の写真カードを示して「一番はお買い物，二番は家に帰ります」と見せるかかわりを繰り返すことで，先の見通しがつきスムーズに動けるようになると期待できます。一方で，カードだと注目しにくい，理解が難しい子どもであれば，買い物に行くときはいつも使っているショッピングバッグを見せるなど，関連する物を見せて次の活動の見通しをもたせるかかわりが考えられます。

　事例では，いつものルートを変更して祖母の家に寄るときは祖母の家，祖母の写真カードまたは祖母の家で本児がする活動に関連したアイテムを見せるなどが考えられます。

3）好きなものや活動

　「今子どもが好きなもの，はまっているものは何ですか？」というふうに，子どもにとって強く興味をそそられるものや夢中になる活動について尋ねます。おもちゃや食べ物・飲み物など物に限らず，歌や手遊び，「電車を見に行くのが好き」「『公園行こう』と言うと喜んで外に出る」といった好きな活動でもかまいません。

　事例のように決まった道順や，「ピンク色の服しか着ない」といった同一性保持のこだわりは，何度か異なるパターンを経験すれば，抵抗が緩やかになることが多いです。いつもの道から外れる→ぐずる→（親が根負けして）いつもの道に戻る，ということを繰り返していると，毎回決まった

道を通るという行動は強化されます。親との相談で「このこだわりを変えたい」という共通理解ができたなら，こだわりが強固になってしまう前にあえていつものパターンを変えてみることを勧めます。

その際，子どもが別のことに気がそれていて「つい，うっかり」いつものパターンから外れてしまったという状況をつくるために，子どもの好きなアイテムや活動が利用できます。たとえば，「好きな電車カードのファイルを眺めていたら，おばあちゃんの家の前まで来ていた」といったことです。また，子どもにとってはいつものパターン通りにいかないことは不快な経験なので，たとえ大声で泣き叫んでしまっても，完全に泣き止んだ後に我慢できた（買い物ができた，おばあちゃんの家に行けた）ことを大げさにほめたり，好きなアイテム・活動を与えたりするようにします。

事例B　6歳1ヶ月の男児（診断あり）

> 自閉スペクトラム症の診断を受けています。勝ち負けや"一番"へのこだわりが強く，思いが通らないとパニックになります。先日も，幼稚園でカルタ遊びをしたとき，負けそうになると怒ってパニックを起こし，カルタを投げたと先生から聞きました。家庭でも小3の兄や私と一緒にカルタをやりたがりますが，負けると怒ることがわかっていますし，パニックになると兄を叩いたり蹴ったりするので，わざと負けてやるよう私から兄に頼んでいます。毎回負けないといけないので，兄は弟と遊びたがらなくなってきました。負けても怒らないで我慢することを教えたいのですが，どうやってわからせればいいのでしょうか？

●親の様子と面接の方針

園や家庭でみられる「勝つことへのこだわり」に対して，家庭ではパニックを起こさせないために，兄にわざと負けさせるという対処方法をとっています。しかし，親はこの方法に満足しているわけではなく，兄にとっ

ても本人にとってもよくないので別の解決策をみつけたいという思いがあります。

すぐに勝敗がつくような遊びや，スキルよりも偶然性で勝敗がつく遊びをいくつか提案しながら，「負けても怒らない」練習を家庭でどのようにしていけばいいのか考えていきます。事前の約束の仕方についても子どもの発達特性に合わせた伝え方を一緒に考えましょう。事前に約束を伝えた上で，勝ち負けを繰り返し経験し，成功体験を積むことを目指します。家庭での成功体験が，園での行動変容の土台となります。園での行動変容を目指す場合には，親と園の関係などにも留意して進めていくことが大切です。

●アセスメントと支援のポイント

1）家庭での遊びの様子

まずは，親が園から聞いているトラブルの具体的な状況について聞き取ります。詳しく確認することが可能であれば，園でどんな遊びをしているときに，どんな場面で（どんな状況になると）怒るのか，周りはどのように対応しているのか，また，どんな遊びであればトラブルにならずに友だちと仲良く遊べるのか，といった点について，親から先生に聞いてもらいます。園の方でうまくいったかかわりや勝ちへのこだわりが出にくい遊びに気づいてもらい対応していってもらうことで初期的なトラブル対策になるでしょう。

同様に，家庭での遊びの様子についても聞き取っていきます。聞き取りのポイントとして，パニックの頻度や程度，立ち直り方が挙げられます。日によっては我慢できることもある，怒っていてもしばらく放っておけば気持ちが切り替わる，といった程度であれば，「負けて怒ってもしばらく放っておく」「そのかわり，怒らないで済んだときはほめる声かけをする」という統一した対応を家族がとることで，徐々にパニックは減ると予測できます。

また，負けて怒ってしまったとき，もしくは勝ったときに周りはどのようにかかわっているのか，といった点も確認します。事例のように「パニックになるのでいつも勝たせる」という遊び方を続けていると，余計に勝

つことへのこだわりが強められてしまいます。同様に，勝ったときだけ周りの大人が「勝ってよかったね！」「一番になってすごいね！」と強調してほめるという対応を知らず知らずのうちにしていて，子どものこだわりを強くしている場合もあります。この事例においても，家族のかかわりによって子どものこだわりが強化されている可能性はうかがえますが，親自身も決してわざと負けるという対応が最善とは思っていないことが読み取れます。その思いを受けとめたうえで，家庭でできる取り組みを提案していくことが大切です。

2）家庭でできる遊びのレパートリー

「カルタ遊びの他にルールのある遊びではどんなことをしますか？」というふうに，家族と一緒にできる遊びのレパートリーについても聞き取ります。一人でゲームやお絵かきをしていることが多い，といった場合，カルタの他にも簡単なルールのある遊びを家庭で取り入れていくことを勧めます。トランプなどのカードゲームや幼児向けのボードゲーム，ペットボトルを使ったボーリングなど，簡単なルールがあり子どもが楽しめるもの，家庭で実践できそうな遊びを考えます。また，じゃんけんで勝ったら進めるすごろくゲームや，ワニの歯を押したり剣を刺したりすることでランダムに勝敗が決まるゲームなど，遊びのスキルや方略の立て方に関係なく，偶発的に勝敗が決まる遊びや，すぐに勝敗がつく遊びを繰り返す中で，「ゲームは勝つこともあれば負けることもある」「負けても面白い，負けてもまたやればいい」といったことを経験させることができます。

園と親との関係や親側の心理状態にもよりますが，家庭の中で子どもがうまく対処できるようになったら，園の先生にも事前の約束を守れるような援助や工夫について母親から伝えてもらってもよいでしょう。

3）その他にこだわっていること・好きなことは何か

「勝ち負けや一番へのこだわりの他に，何かこだわりやすいことはありますか？」「今すごくはまっているものや，大好きなものは何ですか？」というふうに，その他にこだわっていること，もしくは子どもが好きな物や活動についても確認します。たとえば，数字や計算が好きな子どもであ

れば，ゲームの結果を「勝ったか負けたか」だけではなく「何点とったか」という得点制にして，子どもに集計係をさせるといった工夫ができます。勝ちへのこだわりに対し，ただ「我慢しなさい」「泣いてはダメ」というだけではなく，子どものこだわりや好きなことを活用して，適切な行動を導くことができます。

> **コラム** "こだわり行動"はいつまで続くか
>
> 　「ASDの特徴であるこだわり行動は，生涯変化しないのでしょうか？」というご質問を受けることがあります。今まで多くのASDの心理臨床をしてきましたが，私が現在言えることは「すべてのこだわりが完全に消失することはないが，成長とともに変化する」ということです。「変化する」という意味は，強まったり弱まったり，増えたり減ったり，ある行動から他の行動に移ったりということです。その要因は本人を取り巻く環境と学習や成長の影響が大きいように思います。多くのこだわり行動は，本人にとって厳しい環境では悪化し，快適な環境では改善します。厳しい環境とは，環境の変化や苦手な刺激や活動などが存在し，好みの刺激や活動が保障されないような環境を指します。環境調整や対処行動の学習・セルフコントロールの指導などによってある程度柔軟に対応可能になることも知られています。また重要なのはすべてのこだわりが問題行動ではないということです。こだわりのために社会参加や学習の機会が阻害されたり，人を巻き込んだりすること以外の場合は，適応的な行動を増やしていくことを中心に考えていくとよいでしょう。

9．園に行きたがらない

事例A　3歳4ヶ月の男児（診断あり）

　自閉スペクトラム症と診断されています。私が仕事を始めたため，保育園に預けるようになりもうすぐ1ヶ月になるのですが，毎朝離れ際に大泣きしてパニックになるので困っています。私が離れようとすると，しがみついて大きな声で泣きわめくので，放っておくわけにもいかず……。しばらくは抱っこしてなだめるのですが，なかなか泣き止みません。保育園に行くのが子どものストレスになっているのならかわいそうですし，仕事を辞めてもうしばらく家でみた方がいいのかなと思っています。

●親の様子と面接の方針

　登園時に子どもが泣きわめく行動に対し，親は「しばらく抱っこしてなだめる」という対応を取っていますが，改善されず困っています。「（ここまで泣きわめくのだから）保育園に行くのが子どものストレスになっているのかも」と考え，退園も視野にあるようです。また，入園してまだ1ヶ月なので，登園時の対応の仕方について園の先生との相談は十分にできていないのかもしれません。
　登園後の流れを統一することで落ち着いていくケースが多いです。親の預けることに対する罪悪感や不安に配慮しながら，家庭での朝の支度の様子から，登園時，親と離れた後の園での様子，そして帰宅後の様子など，一日の生活の流れにそって状況を聞き取り，園と家でできる対応を考えていきます。それと同時に，園と親との連携関係づくりを支援していくことが大切です。親と園との関係ができることで，先生への引き渡し場面での親の不安の低減をねらいます。

●アセスメントと支援のポイント

1）起床～登園時の様子

「朝起きてからの機嫌はどうですか？」「家を出るときから行くのを嫌がっているのですか？」などと尋ねながら，起床から登園までの様子を具体的に振り返っていきます。朝起きてからずっと機嫌が悪い，ということであれば，睡眠・起床のリズムの不安定さや朝の身支度がうまくいかないことが，登園時のパニックの間接的な要因になっているかもしれません。その場合，家庭での生活リズムの見直しや，できるだけ機嫌よくスムーズに家を出るための工夫について考えます。

次に，登園時の様子について聞き取る際，特に注目する点が2つあります。1つは，親から先生へどんなふうに引き渡しが行われているかということです。「毎朝○○組の先生が出迎えてくれるんですか？」などと様子を具体的に聞いていきます。状況の理解が悪い，または，同一性保持の傾向が強いASDの子どもの場合，日によってお迎えの場所やタイミング，先生が違うなど，日ごとに違う周囲の様子に対して，強い不安を感じてしまうことがあるためです。その場合，登園時には毎朝同じ場所で，同じ先生へ引き渡して朝の支度をしてから，本人が気に入っているおもちゃでしばらく遊ぶなど，パニックを起こさず登園できるようになるまで，できるだけ毎朝同じ行動の流れを繰り返すことを勧めます。

2つ目は，離れ際の親の行動についてです。「○○くんが泣いてしまったとき，お母さんはどうされていますか？」と親の行動を振り返ります。子どもにとっては，親が近くにいることが泣くこと（パニック）のきっかけや手がかりとなり，余計に泣きを長引かせる要因にもなるからです。親がそういった対応を取らざるを得ないのは，「泣きわめいている子どもをそのままにして帰るのは心苦しい」「パニックになっているときどうすればいいのかわからない」といった園への遠慮やかかわりに対する不安感が背景にある場合もあります。親のかかわりを直接否定することばかけにならないよう，「園へ連れて行った後の対応は，先生にお任せしましょう」と肯定的な表現を心がけ，先生に引き渡したら親はすんなり離れて帰ることを勧めます。

2）園生活全体の様子

　親と離れた後，子どもが園でどのように過ごしているかを聞きます。大抵の子どもの場合，ひとしきり泣いた後はケロッとして楽しく遊んでいる，ということが多いです。園の中でお気に入りの遊具やおもちゃができたり，よくかかわってくれる先生の顔がわかってくれば，離れ際に泣く回数も減ってきます。事例のように入園してまだ間もない，また泣かないで離れられる日もあるという場合，1）で述べたような意識してかかわるポイントを助言したうえで，「もう1ヶ月くらい様子をみてみましょう」と伝え経過をみます。反面，登園後も長時間泣き続け，昼食や水分摂取も拒否するといった状況が長期間続くケースの場合は，子どもが好きな飲み物や食べ物を持参するなどして，まずは最低限の水分摂取を確保し，環境に慣れることが目標となるでしょう。

　自由遊びの時間の過ごし方，集団遊びや製作・読み聞かせなど設定された活動への参加，食事や着脱・排泄などの身辺処理など，園生活全体の様子について，親が園の先生から聞いていることを確認します。事例のように不安・緊張の高い子どもの場合，偏食がきつく給食がほとんど食べられない，お昼寝の時間に寝られないといったことも生じやすいからです。また，「少しずつだけど，お友だちに近づいていくようになった」など，子どものよい面が挙げられたときには，「先生は成長しているところもちゃんと見てくださっていますね」「先生も『気長にかかわろう』と思っておられるのでは？」と，心配な点ばかりではなく，ポジティブな面も取り上げて，親にフィードバックします。

　園生活全体の様子を親から聞き取る中では，園の先生とコミュニケーションが十分にとれているかを確認します。十分に相談できていない場合は，どのような事柄について先生から話を聞くとよいか，園との情報交換の仕方や内容について考えます。事例の場合だと，入園してまだ1ヶ月なので，園の先生も子どもが身のまわりのことをどの程度自分でできるのか，集団活動にどの程度参加させればいいのかなどを見極めている段階と思われます。園に対する要望を伝えるだけではなく，家庭でできていること・手助けが必要なことの情報についても話し，園と家庭での子どもの状態を共有していくことが大切です。

3）園での好きな活動

　園の中で，落ち着いて過ごせる場所やお気に入りの遊具，おもちゃがあるかといったことも確認します。発達につまずきのある子どもは，集団遊びや製作などの時間は内容の理解が難しく参加を嫌がることも多いですが，園の中で何かお気に入りのものや活動，場所があれば，苦手なことを頑張った後のお楽しみや，安心して遊べる場所をつくることができるからです。

　また，園の中で子ども自身から援助や遊びを要求していくような特定の先生の存在も大切です。ASDの子どもにとって集団の環境は，刺激が多く混とんとしていて何をすればいいのかわかりにくく，不安になりやすい環境といえます。この先生は困ったときに助けてくれる，ほめてくれる，一緒に楽しく遊んでくれる，ということが経験的に身につくと，より集団へ適応しやすくなります。これらは園の中でのかかわりになるので，親から園へ具体的に要望することは難しいですが，子どもの好きなものや遊び，好みの感覚や空間について親から情報を伝えることを勧めます。

事例B　5歳5ヶ月の女児（診断あり）

　小さいころから落ち着きのなさが気になっていて，発達相談を受けてきました。医師からはADHDと言われています。最近，幼稚園に行きたがらず困っています。朝の支度をなかなかしようとせず，毎朝私が引っ張って通園バスに乗せているという状態です。どうして行きたくないのか尋ねると，「○○ちゃんに意地悪された」と言います。いじめられているのではと心配になり連絡帳にもそれとなく書いたのですが，先生からは「お友だちと仲良く遊んでいます。大丈夫ですよ」というお返事しかありませんでした。先生（面接者）から園に連絡を取ってもらうことはできませんか？　園での子どもの様子を直接見てもらって，園の先生に助言をしてほしいです。

●親の様子と面接の方針

　子どもの登園渋りや「いじめられているのではないか」という心配があり，何とかして解決したいという思いはあるのですが，親自ら行動するよりも，第三者に問題解決してほしいという気持ちが強いようです。担任の先生と連絡帳のやりとりはしていますが，どこか一方通行で，具体的な対応の相談まではうまくできていないようにも思われます。

　相談をすすめる中で園との連携が必要な場合もありますが，親の要望を安易に了承することは避けます。親と園との関係性をアセスメントしたうえで，両者がスムーズなやりとりをできるように，親から園への相談の仕方や要望の伝え方を検討します。そして，園と面接者との連携方法や進め方について考えていきます。面接者は，親と園との間で板挟みにならないように気をつけて対応することが求められます。

●アセスメントと支援のポイント

1）親が気になっていること，園との関係

　子どもの発言や登園を渋っていることを親自身がどのように受けとめていて，今までどんな対応をとってきたのか確認します。また，登園渋りに限らず，現在の園生活において親が心配なこと，気になっていることがないか，それについて園とどのように相談をしてきたかも聞き取るポイントといえます。事例の場合，園の先生としては親を安心させるため「大丈夫」と伝えたところが，母親からすると「確認もせず安易に『大丈夫』と言われた」「先生の目が行き届いてないのでは？」という園への不信につながっているのかもしれません。どのように受けとめているかという親の考えによって，相談の場で中心に取り上げていく内容や方向性も変わってきます。

　園に対する不満や不信感が強い場合，親の思いを十分に聴くことも大切ですが，だれが悪いかといった「悪者探し」にならないよう意識します。また，事例の親は面接者から直接園へコンタクトをとることを要望していますが，園の実情や方針などによって外部との連携体制がとりやすい園と，そうでない園があります。よって，親の要望を安易に了承するのではなく，

「場合によって連携は必要ですが，連携の手立てを考えるうえでも，もう少し園のことについてお聞きしてもいいですか？」というふうに答えます。そして，聞き取りの中で，今回の相談に至るまでの経緯や，親と園・担任との関係性などをアセスメントし，どういう目的で園と連携するのか，どのようなタイミングや方法，進め方であれば連携が可能か検討します。また，親自身が心配していることを園へどのように伝えていけばいいか，園で子どもが楽しく過ごせるようになるために家庭でできることはないかといった点についても一緒に考えます。

2）登園を渋るようになった経緯

まずは，いつごろから登園を渋るようになったのか，きっかけとなる具体的な出来事の有無，親や園の先生が考える登園渋りの要因について聞き取ります。

「〇〇ちゃんに意地悪された」という子どもの発言は，園に行きたくない直接的な原因とは限りません。大人から「どうして行きたくないの？」「何が嫌なの？」と尋ねられても，ことばで出来事や気持ちをうまく表現できないために，決まったフレーズ（過去に不快だったこと）を繰り返し発言している可能性もあります。子どもからのことばだけに依らず，園生活全体を振り返ることで，集団生活におけるどんな点が子どもにとって負担となっているのかを探ることができます。

教室や担任の先生が替わる年度初め，週の休み明け，行事の練習が始まるころなど，1年の中でも周期的に行きにくくなる時期があるかどうかも確認するポイントです。たとえば，休み明けになると登園をよく渋るという場合，休日の起床・就寝時間や日中の過ごし方など生活リズムについて改善すべきところがあるのでは，と気づくことができます。

3）スムーズに登園できる日・できない日の違い

幼児のうちは，睡眠不足や体調，機嫌など生理的な要因によってぐずったり登園を渋ったりすることも多くみられます。比較的スムーズに送り出せた日と，ぐずぐずと泣いて離れ際に困った日との違いは何か比べることで，できるだけ機嫌よく登園させるためのポイントが見つけられます。面

談中に振り返るだけではなかなか要因に気づきにくい場合は，登園時の様子と朝の出来事について気づいたことだけメモを残してもらうなど，簡単な記録をつけてもらいます。その際，「前日寝るのが遅かった」「着替えるとき靴下がうまく履けなくてイライラしていた」など子どもの行動についての記載とともに，「朝ご飯を少なめにしたら急かさなくて済んだ」など親自身の行動について気づいたことも記録を残してもらうと，後で振り返る際の参考になります。

10. 診断について

事例A　5歳3ヶ月の男児（診断なし）

　幼稚園の個別面談で，担任の先生から「落ち着きがなく，話が聞きにくい」と言われました。歩き始めたころからよく動きまわっていたので，落ち着きがない方だと思ってはいましたが，今まで特に指摘を受けたことはありませんでした。でも，先生から言われて，4月から小学生になるのにちゃんと座って授業が受けられるのか心配になってきました。最近テレビや新聞でよく聞くADHDなのでしょうか？もしそうならば，就学に向けてできるだけのことはしたいと思っています。

●親の様子と面接の方針

　以前から気がかりな点はあったものの，幼稚園の先生から指摘を受けたことで心配や不安が強くなっているようです。一方，就学に向けて，子どものためにできることがあれば前もって動いておきたい，という焦りの気持ちと前向きな姿勢ももっています。親としては，子どもの落ち着きのなさから「ADHDでは？」と考えているようですが，目立つ症状が多動というだけで，実はコミュニケーションの問題や固執性，感覚過敏などの特徴もあわせもっている可能性もあります。

　親の不安な気持ちに共感的に寄り添いながら，発達の状況を丁寧に聞き取っていきます。その際，ADHDの特性に限定せず，他の障害特性も念頭に置きながら聞き取りを行うようにします。親のニーズを確認したうえで，就学に向けてできることをともに考えていきます。また，必要に応じて医師との相談につなげます。

●アセスメントと支援のポイント

1）現状で気になっていること

　事例の親は園の先生から「落ち着きがない」「話が聞きにくい」ことを指摘され心配になったということですが，親が先生から聞いたり，参観日などで見たりした様子について聞きながら，さらに詳しく子どもの状態を確認していきます。確認する際のポイントの1つは，指示の理解についてです。その際，話を最後まで聞かずに衝動的に動いてしまう，別のことにすぐ気がそれてしまい話が聞けないなど，多動性や注意集中の問題が大きいのか，それよりも，一斉指示では理解が難しく話が聞けないという，理解の問題が大きいのか，周囲の状況に無頓着なため場にそぐわない行動になってしまうのかなど，親がとらえている様子をもとに大まかなイメージをしながら聞き取っていきます。それは，どこでつまずいているのかによって，子どもへの支援の方向性も変わってくるためです。ただし，親からの聞き取りだけですぐに子どもの様子を決めつけることは避けなければなりません。子どもの発達検査や遊び場面での様子も含めて，偏りなく幅広い情報を得ることを心がけます。

　たとえば，親からの聞き取りによって，子どもの多動性や注意集中の問題が強いと考えられる場合には，活動の中で「○○を取ってきて」などお手伝いを頼むことで，あえて動ける機会を与えたり，お話を聞くときは先生の近くに座らせて適宜声かけをして注意を向きやすくしたりする，といった対応が考えられるでしょう。

　2つ目は，活動の内容による様子の違いについてです。たとえば，好きな製作の時間はとても集中して取り組めるのに，絵本の読み聞かせになると途端にウロウロし始めるなど，活動の中身や子どもにとっての興味・関心，得意・不得意によって参加の様子に差はないか，という点を確認します。

　また，集団場面と比較して，家庭での様子も確認します。お買い物や外食など，家族との外出において，興味のある方へ勝手に行ってしまう，道路へ飛び出すなど危険なことはないか，慣れている場とはじめての場との違いはあるかといった点を聞き取ります。家庭での様子と園での様子を総

合して，子どもの発達の状態を把握していきます。

2）障害に関して親が得ている情報や認識

親がどのような情報を見聞きして，「ADHD」のどんな特徴が子どもに当てはまると感じたのか，といったことを確認します。偏った情報に基づいていたり，誤った認識をしていたりする場合には，障害についての一般的な正しい情報を伝える必要があるからです。また，それらを確認することを通して，親自身の情報を集める力や認識の仕方の傾向などをアセスメントし，面接者から情報を伝える際の工夫につなげます。

3）親のニーズ

親が子どもについてどのようなニーズをもっているのか確認します。診断・検査を希望している（「診断がつくのかどうかはっきりしたい」「発達の状態を詳しく知りたい」），訓練を希望している（「家庭でできることを具体的に教えてほしい」「落ち着いて話が聞けるように療育を受けたい」），集団における支援を希望している（「就学後に支援が必要と思うので，受けられる支援について知りたい」）など，親によってニーズは異なり，それによって相談の場で何をすすめていくかという方向性も変わってきます。障害の診断は医師にしかできないという前提のうえで，心理士として相談の場でできること（発達や行動についてのアセスメントや，家庭や園でのかかわり方について相談と助言）を伝え，ニーズを十分に確認してから医療機関や療育機関を紹介したり，家庭で取り組めそうなこと，できそうな工夫について考えたりします。

検査の結果や行動観察から，特に発達の遅れや偏りがみられず，行動面についても現状では生活年齢相応と判断できる場合もあります。ですが，就学後，授業中に話が聞けず学習が遅れてしまったり，不適切な行動が目立ったりすることもあります。1度だけの相談で終了するのではなく，また半年後に親から電話連絡をもらう，1年後に再度検査を行うなど，できれば就学後の様子もフォローできるよう次回の約束をして終わるとよいでしょう。

事例B　4歳8ヶ月の女児（診断あり）

> 保育園の先生から勧められ，先日病院を受診したところ，医師から自閉症だと言われました。私も夫もとてもショックを受けています。その後ネットで調べたり，本を読んだりもしましたが，子どもに当てはまるところはあまりないように思います。先生もこの子に障害があると思いますか？　年齢が上がれば治る可能性はありますか？　これから差が開いていくのでしょうか？

●親の様子と面接の方針

　診断を受けたばかりで，納得できず否定したいという気持ちが強い親です。「当てはまるところはあまりないように思う」という発言の一方で，「年齢が上がれば治るのか」，「これから差が開いていくのか」という問いかけもあり，子どもの発達に対して心配や不安も大きい様子がうかがわれます。

　そのような親の気持ちに寄り添いながら，受診にいたった経緯，診断の際にどういった説明を受け，親自身がどのように受けとめているのか，どんな点に疑問を感じているのか丁寧に話を聞きます。また，医師の診断の根拠となった子どもの発達の偏り，遅れについての情報も確認し，具体的な支援を紹介するようにします。診断が子どもの特性理解や支援につながるように面接を進めていくことが大切です。

●アセスメントと支援のポイント

1）診断までの経緯や受けた説明

　診断に納得できないという主訴の場合，まずは，診断を受けた経緯や診断を受けた場所（病院），また，どのような説明を受けたのかといった点について聞き取ります。事例のように，親が自発的にではなく，第三者に勧められたから受診したという場合，否定的な感情を抱いたまま受診した結果，診断に対しても受け入れられないという思いがより強くなることがあります。まずは経緯を整理しながら，納得できないという気持ちやその

理由についても十分に傾聴します。

　また，診断されたときは頭が真っ白になってしまい，医師からの説明が頭に入らなかった，質問が全くできなかったという親もいます。診断は受けたものの，今後どうすればいいのか，家庭でどんな工夫ができるのか，といったこれからの見通しについての話がなかったため不安になったということもよく聞かれます。親の疑問や不安に思っていることを丁寧に聞いていきます。

　そのうえで，必要であれば診断や障害についての一般的な情報を伝えます。発達障害の診断について伝えた方がよいポイントの1つは，「ASD」や「ADHD」といった診断は，症状によって「分類」されるものであるという点です。たとえば，身体疾患のようにこの部分が原因であると特定できるものではなく，過去の生育歴や現時点での子どもの特徴から，医学的な診断基準に基づいて医師により診断されることを説明します。また，環境の変化や発達によって特定の症状が目立ってきたり改善したりする可能性もありますし，年齢を重ねる中で診断名が変化する場合もあるということを伝えます。

　診断をどう受けとめるかという点については，何らかの診断が出ているということは，現状での子どもの発達のつまずきは親の育て方のせいではないということ，継続的で丁寧な支援が必要であることを示すものであるという点を伝えます。障害の有無にこだわるよりも，医師から伝えられたことを本人にとって必要な支援を考えるきっかけや手がかりとして利用することが大切である点も伝えたいポイントです。

　加えて，診断を受けた際，両親そろって説明を受けたのか，家族間で診断や子どもの状態の受けとめや理解に差はないか，といった点も確認しましょう。夫婦間で意見が異なる場合，今後の支援や就学について十分に相談ができなかったり，家族の中で孤立してしまったりすることがあるからです。まずは相談に来ている親へ継続的なフォローを行い，子どもの状態や必要な支援について整理していきますが，両親で相談に来ることを提案したり，家族との話し合いについて助言をしたりしていきます。

2）親が得ている情報

　現在はインターネットから親が多くの情報を得ることができますが，その分誤った情報や偏った意見に触れる機会も多いといえます。

　ASDは，対人的コミュニケーションおよび対人的相互交流の障害，また，行動，興味および活動の限局された反復的な様式といった特徴がみられる場合に診断されますが，知的な遅れを伴うタイプと，知的な遅れがないタイプとでは状態像が大きく異なります。また，子どもによって特徴のあらわれ方や程度もさまざまです。たとえば，対人的コミュニケーションの障害といっても，意味のあることばでの表出がほとんどなく，母親以外の大人が近づいただけでも避けて離れていくという子もいれば，おしゃべりがとても達者で積極的に話しかけていくけれど，興味のあることを一方的に話すばかりで会話になりにくいという子もいます。そのように幅が広いため，親が得た情報によっては「本に書いてある様子と違う」ととらえられることもあります。

　上に述べたような情報を伝える際には，診断を受けた障害について，親自身がどのような情報を得ていて，それをどのように受けとめているのか確認する必要があります。誤った情報は修正し，補足しながら，子どものどのような様子が「当てはまらない」もしくは「当てはまる」と感じたのかを聞き取ります。

3）現在の子どもの発達の全体的な確認

　子どもの全体的な発達について，現在苦手にしていること，できていることを確認していきます。生育歴を一から順に聞いていくのではなく，現在の様子について聞き取る話の流れの中で，必要に応じて過去のことも確認します。改めて子どもの発達について聞き取るのは，診断が本当に当てはまるのか否かを確認するためではなく，現在の発達の状態を親が振り返り，今できることを考える中で，子どもの発達特性や診断の理解につなげるためです。親の動機づけや状態によって助言内容を検討する必要がありますが，着脱やお片付けといった身辺自立や箸・はさみなど手指の巧緻性の練習，お絵かき，工作，じゃんけんや簡単なルールのある遊び，絵本の読み聞かせなど，家庭でできそうなことを親と相談しながら助言します。

11. 就学に向けて

事例A　5歳4ヶ月の男児（診断あり）

　2歳のころ病院で自閉症と言われてから，定期的に受診しています。ことばは「○○ちょうだい」など2語文が出始め，文字は読めませんが数字はわかるようになりました。今は保育園に行きながら，週に1回民間施設で療育を受けています。来年4月に小学校へ就学するのですが，就学先を兄と姉も通っている最寄りの学校の特別支援学級にするか，特別支援学校にするかで悩んでいます。就学にあたり，私はいろんな人の意見を聞いて，子どもに一番合った学校へ行かせたいと思っています。夫は「とりあえず通常のクラスに入れて，勉強が難しくなったら考えればいい」なんて言っていて，相談相手にはなりません。先生（面接者）はうちの子には支援学級と支援学校，どちらが合っていると思いますか？　専門家としての意見を聞かせてください。

●親の様子と面接の方針

　2歳から療育に通っており，子どもの発達特性についてある程度客観的にとらえている親です。しかし，就学について他の家族との相談が十分にできておらず，母親の「特別支援学級か特別支援学校」という方向性に対し，父親は「とりあえず通常クラスへ」と考えていることからも，子どもの現状について父母間での認識のずれがうかがわれます。母親は「夫は相談相手にならない」と感じており，面接者からの具体的な意見を求めています。しかし，最終的には親自身が責任をもって子どもの進路を決めなければいけません。

　面接者は，子どもについての情報を一緒に整理し，就学に関する必要な情報収集の仕方について提案する役割となり，親自身が子どもの進路を自己決定できるよう相談を進めていきます。就学までの仕組みや就学後の支援の仕組みは地域ごとに異なるため，面接者があらかじめその地域の情報

を調べておくことが重要です。

●アセスメントと支援のポイント

1）親の希望と，他の家族の意見

　就学についての相談では，不安を感じている親から専門家としての意見を求められることがあります。しかし，最終決定をするのはあくまで親であり，専門家はその決定を支援する役割にすぎません。

　はじめに，相談に来られている親が進路について現状でどんな希望をもっているのか，どうしてそのような方向性をもつに至ったのか話を聞きます。そのうえで，父親や祖父母，きょうだい児は対象となる子どもの就学に関しどのような考えをもっているのか，子どもの障害をどのようにとらえて受けとめているか，今までどの程度養育に関与してきたか，発達相談や診療の場面に同伴する機会はあったのかなど，子どもとの関係性も確認するとよいでしょう。父親が特別支援学校へ行かせることに反対である，きょうだい児が同じ学校へ通うことを嫌がっている，あるいは希望しているなど，相談に来ている親と他の家族との間で意見や要望の相違が生じている場合があります。そのようなケースでは，父親も一緒に学校へ見学に行くよう勧めたり，きょうだい児への伝え方についても話し合ったりするなど，他の家族への対応も視野に入れた相談を行います。

2）就学に関する親の理解

　障害のある子をもつ親の会など，親同士での情報交換の場をもっている親の場合，個々の学校について生の情報が得られるのは大きな利点ですが，反面，偏った情報や噂レベルの話に触れる機会も多くなり誤解が生じている場合もあります。よって，親が特別支援学級や特別支援学校についてどのような情報を得ていて，どんな認識をもっているのか，また，実際に学校を見学したり，管理職やコーディネーターらと話をしたりしたことはあるかなども確認します。近年は地域に住んでいる人を対象に学校公開（オープンスクール）として授業を公開しているので，そういった機会を利用して見学することができます。また，できれば個別に見学・面談を希望して普段の授業の様子を見学したり，管理職らと直接話したりする機会がも

てるとよいでしょう。

　また，両親が共働きで祖父母などの支援も受けられない家庭では特に，通学方法（学校までの距離，自力通学が可能か，送迎の有無など）や放課後の過ごし方も踏まえた進路選択が必要となるため，そういった情報についても把握できているか聞き取っていきます。

3）園における子どもの現状の把握

　この事例のように，就学にあたって特別支援を希望している，子どもに最も適した就学先をと考えている親の場合，子どもの発達や障害特性についてのアセスメントが相談の中心になります。コミュニケーション面（指示の理解，ことばのやりとり，援助の要求など），運動（リトミック，工作など），友だちとのかかわり（トラブルの有無や程度，社会的なスキルなど），身辺処理，危険な行動がないかなどについて確認します。また園での集団生活において，支援が必要なのはどんなときで，どのような支援があれば子どもがうまく行動できるかという点についても聞き取ります。その際，登園時から朝の会，自由遊び，設定遊び，給食，帰りの会，というふうに１日の時系列に沿って，①活動の内容，②支援が必要なこと，③どんな支援をしているか，の３点を書き上げながら確認していくとさらにわかりやすいですし，協力が得られそうなら園の先生に記入してもらうこともあります。

　加えて，療育機関で受けている個別や小集団の療育での目標や指導の内容，園との様子の違いも含めて確認します。

　上記の内容の聞き取りは，どの程度の支援があれば集団指示に沿って過ごせるか，個別の声かけが必要なのか，小さな集団であれば指示が入りそうかなど，就学にあたって大まかな検討をつける目的もありますが，親が集団での様子をどの程度把握できているのか，園の先生と情報交換ができているかの確認の意味もあります。普段から園の先生とあまり話す機会がなく，送迎時や参観日しか集団での様子がうかがい知れないということであれば，まずは親が園での様子を知る必要があります。

　また，子どもが持っているニーズを親自身がどのように理解しているのかを確認することもできます。改めて子どもの現状を振り返ることで，就

学後どんな点で支援が必要になるか情報の整理ができ，学校との話し合いで何を伝えればいいのか，学校見学の際どんなポイントに注目すればいいのかもわかりやすくなります。

事例B　5歳6ヶ月の女児（診断あり）

> 幼稚園の園長から「小学校に入る前に一度病院で診てもらった方がいい」としつこく勧められました。先月病院を受診したところ，自閉スペクトラム症と診断され，知的な遅れもあるため就学は特別支援学級を勧められました。支援学級に入ると今のお友だちと離れてしまうので子どもがかわいそうです。本人もみんなと同じがいいと言っているので，1年生のうちはとりあえず通常学級に入れて様子をみるつもりです。幼稚園では担任だけでなく介助の先生に声をかけてもらうことが多いのですが，小学校も補助の先生がクラスにいると聞きました。わからないときその先生に助けてもらえれば，何とかやっていけるだろうと思っています。

●親の様子と面接の方針

　幼稚園から勧められて，先月診断を受け，さらに医師から就学先として特別支援学級を勧められたことから，親は不安と否定，焦りの気持ちの中で進路決定を迫られています。自分なりに結論を出されていますが，不安な気持ちもあり相談に来られたようです。親は，子どもの現状での発達特性や，就学後どのようなところでつまずきやすいか，どんな支援があればいいかといった情報についてまだ十分には得られていないことが考えられます。また，「支援学級に入ってしまうとお友だちとは常に離れて過ごさなければならない」「小学校も幼稚園と同じように介助の先生がいる」など，情報の不足や誤った理解もみられます。

　面接では，親が子どもの障害特性，発達特性をどのように認識しているのかという点が重要になります。親の考えや思いを丁寧に聞いていき，学

級を選ぶにあたっては，選択肢それぞれについてのよい点や心配な点を，子どもの現状と関連させながら一緒に考えていきます。面接者の個人的な考えを伝えるのではなく，その地域に関する正しい情報を伝えることが必要です。

●アセスメントと支援のポイント

1）親の考え・思い

事例のように，医師の見立てと親の認識との間にずれが生じている場合，面接者としてはどちらが正しいのか判断するために，子どもの発達について一から確認しようと考えやすいかもしれません。しかし，診断を受けたばかりで子どもの発達の特徴や障害特性について十分に理解できていない，就学後どのような支援が受けられるのかイメージできていないという親の場合，子どものアセスメントももちろん大切ですが，まずは「親自身のアセスメント」を重視します。つまり，子どもの発達の状態や今後の就学について，親自身また他の家族の考えを丁寧に聞いていきます。

2）園の先生や専門家の意見

1つは，「幼稚園の先生は○○ちゃんのどんな様子が気になって，相談を勧められたのでしょうか？」というふうに，受診に至るまでの経緯を聞きます。園から親へ伝えられた集団生活での気になる様子を確認し，それについて親はどのようにとらえているのか（支援が必要と感じているか，子どもだったらそんなものというようなとらえかたなど），家庭との様子の違いはあるかといった点を聞き取ります。

もう1つは，「お医者さんからは○○ちゃんの発達の特徴についてどんな説明がありましたか？」「どういう理由で，支援学級を勧められたのでしょうか？」というふうに，医師から説明された内容について確認します。障害特性や就学後の支援についてどの程度の説明を受けていて，親はその内容をどのように受けとめたのか，納得している点もそうでない点も両方聞き取ります。

それらの情報を聞き取る中で，就学後に子どもができるだけ困ることなく，楽しく学校に通うために，どんな支援があればいいのか，また，学校

へ事前に伝えておいた方がいいことなどを整理し，親と共有します。

3）就学に関する親の理解とその後のフォロー

　発達障害のある子どもの場合，就学時の選択肢として，小学校の通常学級，特別支援学級（知的・情緒），特別支援学校の3つが大まかな選択肢として挙げられます。また，通常学級に在籍しながら週1日程度，情緒障害や言語障害を対象とした通級学級へ通う子どももいます。また，特別支援学級に在籍していても，子どもの状態によってはかなりの時間を通常学級で過ごす，またはその逆など，弾力的な運用については学校ごとに大きな違いがあります。

　面接者がその地域のすべての学校に関する詳細な情報を把握するのは不可能なので，親には一般的な情報を伝えたうえで，実際に学校の先生と話してみること，見学してみることを伝えます。親が得ている情報も確認しながら，それぞれの選択肢について，どのような特徴があり，どう異なるのか伝えます。その際には，それぞれのメリットとデメリットの両方を説明すること，また支援の限界についても伝えます。

　たとえば，事例のように幼稚園では介助の先生が1クラスに一人ついていたとしても，就学後，4月の入学当初からクラスに支援員がつくとは限りません。よって，園のようにこまめな支援が受けられる体制とは異なる，という支援の限界についても説明します。また，「支援学級に入ると友だちと離れるのでかわいそう」という思いに対しては，通常学級との交流学級の仕組みがあることを伝えます。そういった情報を踏まえたうえで，改めて就学に関する親の思いや考えを聞いていきます。

　就学をきっかけに相談へつながった親には，その後のフォローも必要になります。特にこの事例では，診断後間もないということから，今後も子どもの特徴の理解や対応に関すること，親の困りごとに対して相談を受けられるように，親とつながっておくことも必要です。小学校に上がってからも一度面接の機会をもつことを親に提案します。

参考・引用文献

第1章

Drotar, D., Baskiewicz, A., Irvin, N., Kennell, J., & Klaus, M. (1975) The adaptation of parents to the birth of an infant with a congenital malformation: A hypothetical model. *Pediatrics*, 56(5), 710-717.

井上雅彦（2013）自閉症の人たちへの支援の充実のための各機関の連携について　かがやき9　p20〜26.

井上雅彦（2015）発達障害へのアプローチ――最新の知見から――発達障害と家族支援　精神療法 41(4), 577-584.

井上雅彦・吉川徹・日詰正文・加藤香（編著）（2011）ペアレント・メンター入門講座――発達障害の子どもをもつ親が行なう親支援――　学苑社

井上雅彦・竹中薫・福永顕（2008）発達障害児支援におけるインターネットを利用した連携システム――保護者が管理者となるコミュニティ掲示板の利用――　鳥取臨床心理研究1, 3-7.

Olshansky, S. (1962) Chronic sorrow: A response to having a mentally defective child. *Social Casework*, 43, 190-193.

シモン・オルシャンスキー（著）松本武子（訳）（1968）絶えざる悲しみ――精神薄弱児を持つことへの反応――　ヤングハズバンド（編）家庭の福祉　家政教育社　Pp.133-138.

山上敏子（監修）（1998）発達障害児を育てる人のための親訓練プログラム　お母さんの学習室　二瓶社

第2章

Durand, V. M., & Crimmins, D. B. (1988) Identifying the variables maintaining self-injurious behavior. *Journal of autism and developmental disorders*, 18, 99-117.

原口英之・井上雅彦（2010）発達障害児の問題行動のアセスメントに関する面接者トレーニングの効果　行動療法研究36(2), 131-145.

丸岡玲子（2005）サポートブックの作り方・使い方　障害支援のスグレものおめめどう

ロバート・E・オニール，リチャード・W・アルビン，キース・ストーレイ，ロバート・H・ホーナー，ジェフリー・R・スプラギュー（著）三田地真実・神山努（監訳）岡村章司・原口英之（訳）（2017）子どもの視点でポジティブに考える問題行動解決支援ハンドブック　金剛出版（O'Neill, R. E., Albin, R. W., Storey, K., Horner, R. H., & Sprague, J. R. 2014 *Functional Assessment and Program*

Development for Problem Behavior: A Practical Handbook Third Edition. Wadsworth Publishing）

辻井正次（監修）明翫光宜（編集代表）松本かおり・染木史緒・伊藤大幸（編集）（2014）発達障害児者支援とアセスメントのガイドライン　金子書房

柘植雅義（監修）黒田美保（編著）（2015）これからの発達障害のアセスメント──支援の一歩となるために──　金子書房

第3章

井上雅彦（編）（2008）自閉症の子どものためのABA基本プログラム　家庭で無理なく楽しくできる生活・学習課題46　学研プラス

山上敏子（監修）（1998）発達障害児を育てる人のための親訓練プログラム　お母さんの学習室　二瓶社

あとがき

　本書を書くきっかけは10年以上も前に遡ります。大学院修了後，地域の相談機関の相談員として働き始めた私は，発達障害のある子どもの保護者との面接をうまく進めることができず日々悩んでいました。保護者の話を聴いているうちに面接の時間が終わってしまい，子どもに関する情報を十分に得られず，子どもの支援に関するアドバイスができなかったり，反対に，子どもについて話を聞こうと保護者に質問ばかりして，保護者が話したかったであろうことを十分に聴くことができなかったり……。相談に来てくださった保護者に何かアドバイスしなくてはと焦ってしまい，一方的に，保護者にとって実行することが難しく，また負担となるようなアドバイスばかりしてしまうことも少なくありませんでした。保護者の相談をどのように進めていけばよいのか悩みながらも，相談の進め方をどのように学べばよいのかさえわからずにいました。

　本書は，保護者との面接を行う心理士や相談員など支援者の方を対象に書かせていただいたものです。子どもと保護者に合った支援を考えるためには，適切なアセスメントが必要不可欠です。しかし，保護者との面接の中で何をどのように聞いたらよいのか，伝えたらいいのかわからない，そのような思いで面接をされている方もいるのではないかと思います。

　保護者との面接を行うには幅広い知識や技術が必要です。アセスメントやカウンセリングに関する知識と技術，そして一人ひとりの子どもや家族に合った支援をアレンジし，実際に支援を実行できる力も必要です。経験豊富な先輩方に比べ，経験の浅い私には，保護者面接に関する知識や技術がまだまだ足りず，保護者面接に関する本を書くことは，とても大きなチャレンジでした。一度書き始めても「このような内容でいいのだろうか」と不安な気持ちが出てきてしまい執筆が止まってしまうことが何度も続きました。「これでよいのだろうか……」という気持ちは現在も続いていますし，これからも続くと思います。

　このような中で，本書の執筆を進めていくことができたのは，先輩の石

坂美和さんに，保護者面接に関するノウハウを教えていただき，励ましていただいたおかげです。後輩にとって，保護者面接に関してノウハウを教えてもらえることはもちろん，面接を行ううえで自分が大切にしている考え方や進め方を先輩から認めてもらい，共感してもらえることは，自信につながります。また，注意することが必要なポイントや新たなアイデアをもらえることは，自分の面接を振り返るきっかけになり，学びになります。本書の執筆を通して，私は保護者面接に関する学びを深めることができました。井上雅彦先生には，執筆作業を通して，面接のノウハウだけでなく，面接者に求められる姿勢や倫理観，そして発達障害のある子どもとその家族の支援者としてのあり方をご指導いただきました。本書の執筆を快く引き受けてくださり本当にありがとうございました。

　本書を通して，皆さんとも保護者面接に関する知識や技術を共有できると幸いに思います。そして，多くの子どもたちとその保護者の方々に，最適な支援が届くことを願っております。

　最後に，本書の出版を許可していただき，また作業が当初の予定より遅れてしまったのにもかかわらず，私たちの執筆を励まし続けてくださった金子書房の加藤浩平さんには，大変にお世話になりました。心から感謝申し上げます。

2019年5月

原口　英之

著者紹介

井上　雅彦（いのうえ・まさひこ）〔第1章担当〕

鳥取大学医学部医学系研究科臨床心理学講座教授。医学博士。公認心理師・臨床心理士・専門行動療法士・自閉症スペクトラム支援士エキスパート。鳥取大学医学系研究科附属臨床心理相談センターにて発達障害を中心に多くの相談を受けながら，自閉症に関する臨床と研究に取り組んでいる。専門は応用行動分析学，臨床心理学。著書に『家庭で無理なく楽しくできるコミュニケーション課題30』（共著，学研，2010）など多数。

原口　英之（はらぐち・ひでゆき）〔第2章担当〕

公認心理師・臨床心理士。国立精神・神経医療研究センター精神保健研究所の研究員を経て，現在は，発達支援センターのスーパーバイザー，保育園のカウンセラー，自治体の発達障害支援に関する事業のアドバイザーなどを務め，各地で講演・研修も精力的に行っている。専門は臨床心理学，応用行動分析学。

石坂　美和（いしざか・みわ）〔第3章担当〕

公認心理師・臨床心理士。児童発達支援センター等で発達臨床に従事。その他にも，知的障害者の福祉施設において，支援者へのコンサルテーションや研修などを行っている。専門は臨床心理学，応用行動分析学。

発達が気になる幼児の親面接
支援者のためのガイドブック

| 2019年6月28日　初版第1刷発行 | ［検印省略］ |
| 2024年10月29日　初版第6刷発行 | |

著　者　井上雅彦
　　　　原口英之
　　　　石坂美和
発行者　金子紀子
発行所　株式会社　金子書房
　　　　〒112-0012　東京都文京区大塚3-3-7
　　　　TEL 03-3941-0111(代)
　　　　FAX 03-3941-0163
　　　　振替 00180-9-103376
　　　　URL https://www.kanekoshobo.co.jp

印刷／藤原印刷株式会社　　製本／有限会社井上製本所

© Masahiko Inoue　Hideyuki Haraguchi　Miwa Ishizaka, 2019 Printed in Japan
ISBN 978-4-7608-3276-7　C3011